弥生時代の歴史

藤尾慎一郎

講談社現代新書

2330

はじめに

①　弥生時代とはどんな時代か

日本の歴史を古い順にならべなさいといわれると、ほとんどの読者は、旧石器、縄文、弥生、古墳、古代の順にならべるだろう。次にそれぞれの特徴を一言で述べなさいといわれれば、氷河時代のハンター、土器の時代、農耕の時代、古墳の時代、古代国家の時代、と答えるのが一般的である。

では、日本列島の歴史を古い順にならべなさい、といわれれば、旧石器、縄文まではいいとしても、それ以降はどうだろう。北海道や沖縄では農耕を行っていないし、古墳も律令も及んでいない。

そう、少し詳しい人なら縄文時代のあと、北海道には続縄文《ぞくじょうもん》時代、擦文《さつもん》時代が、沖縄には貝塚後期時代、グスク時代という別の時代が続くことを知っているから、日本列島の歴史は？　と聞かれると、答えにつまるのである。アイヌや沖縄の人にしてみれば、旧石器時代はいいとしても、その後の歴史は縄文、弥生時代と続くわけではない。

もうおわかりのように、日本の歴史と聞かれれば、私たちは自ずと本州・四国・九州の歴史を答えているのである。それはこれらの地域の人びとにとっては自然な答えである。そこで、本書では北海道から沖縄までを範囲とする日本列島に人類が出現する、約三万六〇〇〇年前以降の歴史を「日本の歴史」と理解し、そのうち、本格的な水田稲作が九州北部で始まった紀元前一〇世紀から、定型化した前方後円墳が近畿に造られて古墳時代が始まる後三世紀までの約一二〇〇年間を弥生時代とする。本書は北海道から沖縄までの日本列島に起こった一二〇〇年に及ぶ出来事を扱った初めての概説書である。

② 五〇〇年さかのぼった弥生時代の始まり

ここで「おや！」と思われた読者はかなりの歴史通である。「水田稲作が紀元前一〇世紀に始まった！」という衝撃的な研究成果が発表されたのは今から約一二年前の二〇〇三年五月のことである。

筆者の属する国立歴史《こくりつれきし》民俗博物館《みんぞくはくぶつかん》（以下、歴博）の研究チームが、水田稲作開始期の調理用の土器に付いているススなどの炭化物を炭素14年代測定したところ、それまでの常識をくつがえす年代がでたと発表したのである。

それまで日本の水田稲作は紀元前五世紀ごろに始まったと考えられていた。それが五〇〇年もさかのぼる紀元前一〇世紀に始まったというのであるから、学会はもちろんのこと、マスコミも含めて大騒ぎになった。全国紙七紙の第一面に取り上げられたほか、ＮＨＫの「クローズアップ現代」や雑誌『ニュートン』の特集をご覧になった方も多いことだろう。

炭素14年代測定とは

文字や暦のない時代の遺跡や遺物の年代はどうしてわかるのか？　考古学者は考古学的な方法と自然科学的な方法を用いて調べる。弥生時代の開始年代の場合は、今から五〇年ほど前に炭素14年代測定によって紀元前三〇〇年ごろに始まったという見通しが立てられた。そう、もともと炭素14年代測定という自然科学的な方法で求められたのである。

では同じ炭素14年代測定なのに、なぜ五〇〇年もさかのぼったのだろうか。その理由は五〇年間の科学技術の進歩につきる。それまで測定に必要な試料の量が足りなくて測定できなかったものが、短い時間で、しかも高精度に測定できるようになったのだ。その方法がAMS（Accelarating Mass Spectrometry）＝加速器質料分析法―炭素14年代測定法（以下、AMS）である。

たとえば五〇年前には、年代測定のためには炭化したコメ一塊が必要であった。つまり測定するとその分のコメはなくなるのだ。しかしAMSならばそれが一粒ですむので、一つしかない貴重な資料であっても残すことができる。

また土器に付着した炭化物にはススやコゲなどがあるが、これらはこれまで量が少ないために測定することができなかった。でもAMSならば可能である。しかも土器が使われていたときに付いた物だから、時期は確実である。しかも数分で、±二〇年ぐらいの誤差で測ることが出来るとなれば、使わない手はないだろう。

なぜ年代がわかるのか

どうして炭化物を測定すると年代がわかるのだろうか。難しいが少しおつきあい願いたい。植物は光合成、動物は食事により、外界から炭素を取り入れている。炭素の中には化学的な性質を同じくする三つの炭素（同《どう》位《い》体《たい》という）がある。炭素12・13・14である。これらは中性子の数が異なっており、順に六・七・八個の中性子をもっている。

このうち前二者は何年たっても変化しないが、最後の14だけは約五七〇〇年で、その半分が放射線を出しながら窒《ちっ》素《そ》に変わることから放射性炭素と呼ばれている。生物が生きている間は常に外界と炭素を交換しているので空気中の炭素14濃度と体内の炭素14濃度は変わらない。しかし死ぬと炭素を交換出来なくなるので、その時点から体内の炭素14は減り始めるというわけだ。

したがって、木炭やスス、骨などに残っている炭素14を調べれば、その生物が何年前に死んだのかがわかる。半分になっていれば約五七〇〇年前に死んだということになるわけだ。こうして、植物なら伐採・枯れた年代、動物なら死亡した年代を知ることが出来るのだ。

土器に付着した炭化物のうち、ススは土器で煮炊《にた》きを行ったときに燃料となった薪やワラが死んだ日、つまり伐採されたり稲刈りされたりしたのが何年前であるかを知る手がかりとなるのである。

年代の読み方――炭素14年代

土器に付いたススを測定して、一九五〇±三〇という測定値が得られたと仮定して説明しよう。これは西暦一九五〇年から一九五〇炭素年さかのぼり、その前後三〇炭素年ずつの六〇炭素年の間におさまる確率が約六七%であることを意味している。なぜ西暦一九五〇年を規準にするのかというと、これ以降、大気圏内の核実験が数多く行われた結果、大気中の炭素14濃度が大幅に上がったため、使えないからである。つまり六七%という確率は三点測定したうちの二点が西暦一九五〇年から一九五〇炭素年さかのぼった年を中心に前後三〇炭素年の間におさまることを意味しているわけだ。ところがこの「炭素年」がくせ者である。

一九五〇や三〇という炭素年は、太陽が地球の周りを一九五〇回や三〇回、まわった時間と同じではない。つまり私たちには感覚的に認識できない、炭素の世界の年数なのである。一九五〇±三〇という炭素14年代値は、西暦一九五〇年から一九五〇年さかのぼり、紀元前三〇年から紀元後三〇年の間に収まるわけではないことがおわかりになるだろう。じつは五〇年前に弥生開始年代を前三〇〇〇年に求めたときは、この換算で行っていたとのこと。換算法も間違っていたのだ。

年代の読み方二――較正年代

炭素年を私たちが認識できる暦年代に換算する必要がある。換算された年代を較正《こうせい》年代、換算することを較正（補正）するという。炭素14年代と暦年代は今から約二〇〇〇年前の弥生時代中期ごろからズレが目立ち始め、縄文土器が出現する約一万六〇〇〇年前になると、そのズレは約二〇〇〇年にも達する。

炭素14年代は年によって生成される炭素14の量が常に一定であるという前提で設定された。したがってグラフにすると破線の対数曲線になる。しかし実際には年によって生成さ

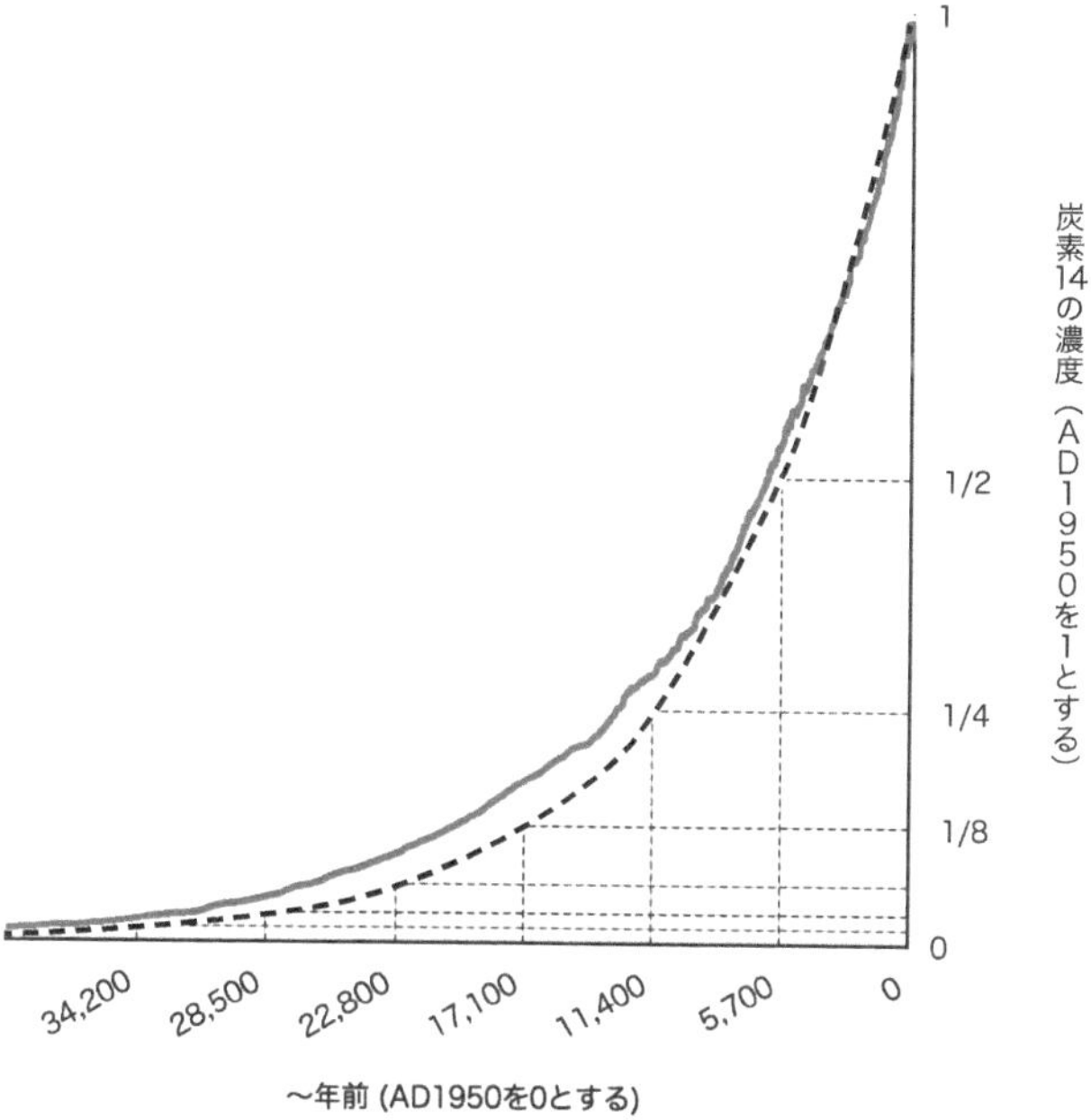

図1　炭素14濃度が約5700年ごとに半減していく様子

れる炭素14の量は異なることが、木材の年輪中に含まれる炭素14濃度を調べることでわかっているので、実線のように凸凹していると同時に、古くなればなるほどズレがズレをよび正規曲線から離れてくるので、ズレが大きくなるのである（図1）。

では実際にズレを較正してみよう。用いる秘密兵器が較正曲線である。これは、年代がわかっている年輪ごとに炭素14年代測定して作られたデータベースのようなものである。木を伐採すると断面に年

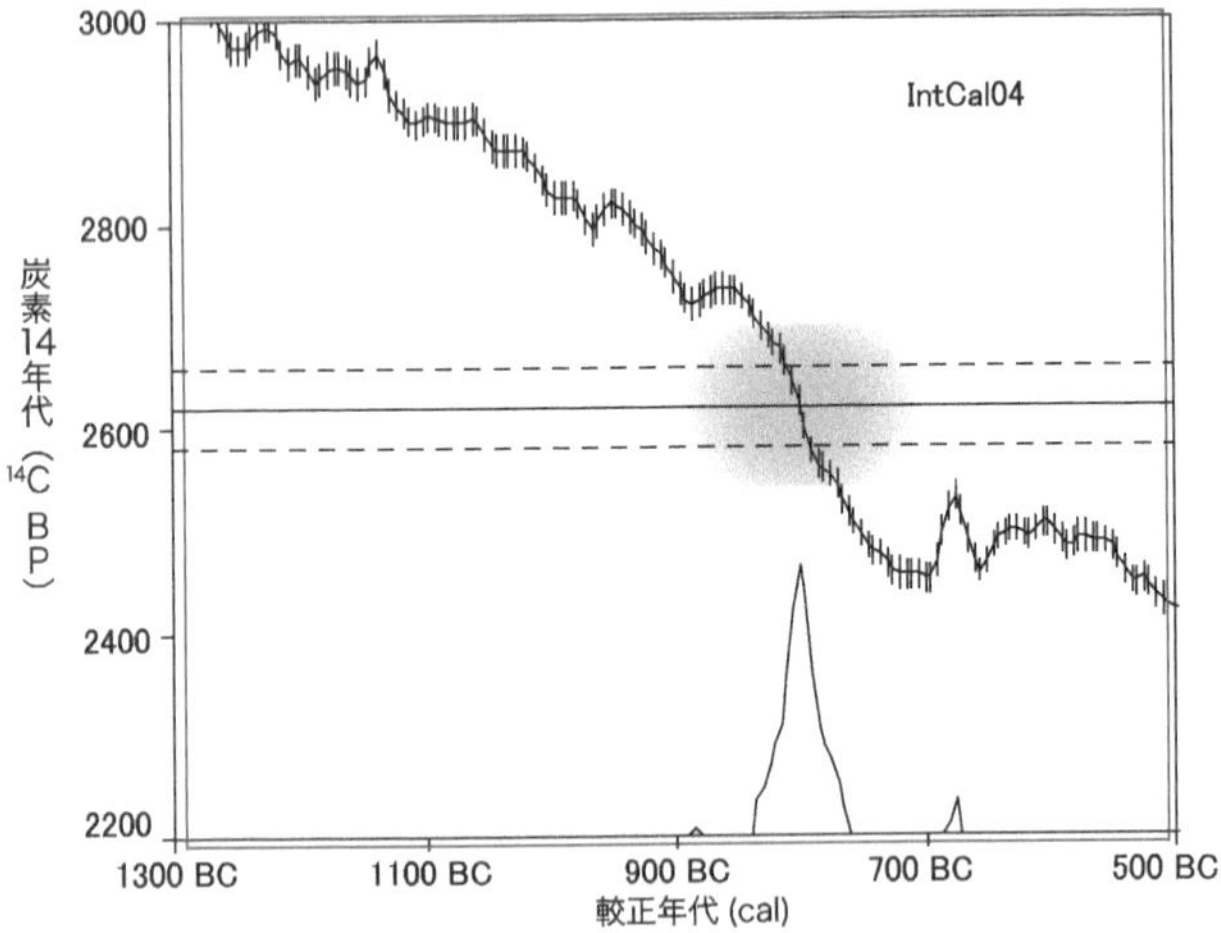

図２Ａ　較正曲線の急傾斜の部分に中心値がきた場合の較正年代
（ラインで囲まれた範囲が炭素14年代の誤差、グレーの部分は較正年代の範囲）

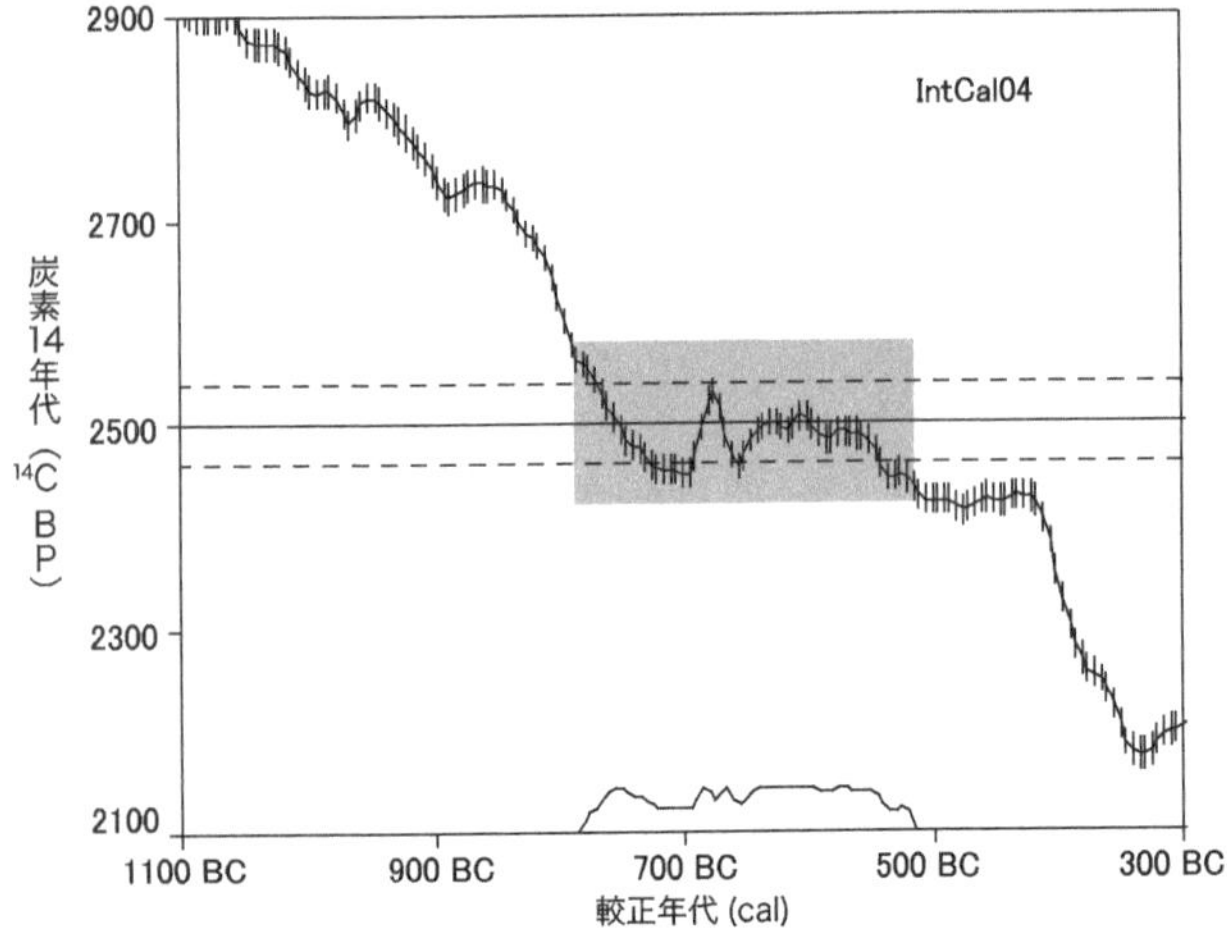

図２Ｂ　較正曲線の水平に近い部分に中心値がきた場合の較正年代

輪をみることができる。一番外側が伐採した年に作られた年輪、以下内側に行くにしたがって去年作られた年輪、一昨年に作られた年輪、そして二〇〇〇本内側にある年輪は、二〇〇〇年前に作られた年輪である。

このように、作られた暦年代がわかっている年輪を測定すれば、二〇〇〇年前の炭素14年代を知ることが出来る。このようにして暦年代のわかっている年輪の炭素14年代を測定し、その結果を集成して線状に表現したものが較正曲線であり、炭素14年代と較正曲線から統計学的に求められるのが較正年代である。

たとえば図2Aでは、二六一〇±三〇という炭素14年代からは、前後数十年という幅の範囲が狭い較正年代を知ることが出来る。一方、図2Bでは、二五〇〇±三〇という炭素14年代から、前後三〇〇年の幅をもつ較正年代を知ることが出来る。つまり較正年代が絞り込める炭素14年代と絞り込めない炭素14年代があることがわかる。較正曲線の傾きがきついところにくる炭素14年代ほど絞り込め（A）、緩く水平に近くなるところにくる炭素14年代ほど絞り込めなくなるのだ（B）。較正年代の幅が炭素14年代の幅に比べて広くなるのは、炭素14年代が三点測って一点が外れる粗い確率（一σ）であるのに対し、較正年代は二〇点測って一点が外れるという確率（二σ）で求めているからにほかならない。

弥生開始年代

五〇年前に得られた弥生の始まりの炭素14年代は、二四〇〇台や二五〇〇台のものが中心であった。これらの炭素14年代は、先ほど説明した較正年代が絞り込めない部類に相当するため、長い間、弥生開始年代を精確に求めることは出来ないと考えられていた。較正年代が二〇〇～三〇〇年の誤差をもつからである。

こうした常識に縛られていたため、私たちも、いくら高精度のAMSとは言っても弥生開始年代を絞り込むのは難しいだろうと考えていたが、ダメ元でやってみようと弥生開始期の試料を対象にAMS―炭素14年代測定をしたのは二〇〇一年の秋ごろであった。

ところが出てきた炭素14年代は二六〇〇台。この値は絞り込める炭素14年代である。しかも較正年代は紀元前九世紀。これまでの常識より五〇〇年も古い年代であった。私たちは土器付着炭化物をはじめ、水田の水路に打ち込まれた杭など、十数点の試料を測定し、次のような結論に達して発表した。

弥生時代で二番目に古い土器に付着した炭化物を炭素14年代測定したところ、紀元前九世紀であることがわかった。したがって、弥生時代でもっとも古い年代（弥生最古の土器の年代）は紀元前一〇世紀にさかのぼる可能性がある。弥生開始年代を紀元前一〇〇〇年と報道したメディアもあるが、正確ではない。二〇〇三年当時は弥生時代でもっとも古い土器に付着した試料を測定していなかったからである。その後数年かけて試料を増やし、ついに紀元前一〇世紀後半にさかのぼることを突き止めることになったのだ。

前一〇世紀説に対する批判

発表当初から賛否両論の意見が学界を騒がせた。従来の弥生開始年代をまったく変える必要がないという意見（A）から、従来の年代観よりはさかのぼる可能性があるものの、歴博のいう前一〇世紀まではさかのぼらないという意見（B）、歴博説を肯定する意見（C）までさまざまであった。

三つの異なる意見が出る理由は、炭素14年代に対するスタンスの違いにある。どれもAMS―炭素14年代測定法が高精度であることは認めるものの、どこまでつきあうのか？という点につきる。

A説は、歴博が測定した土器付着炭化物という試料に問題があるとして全否定する。すなわち、この試料は実際に土器が使われていた年代よりも数百年、古くでるというのである。難しい言葉でいうと海洋リザーバー効果の影響を否定できないというものである。

生物が生きている限り体内の炭素14濃度は空気中の炭素14濃度と同じであることは先に

述べた。この場合の生物とは陸上の動植物を指す。しかし海洋生物の場合、特に海の深いところ、だいたい海面一五〇メートル以下に生息する生物の炭素14濃度は、空気中の炭素14濃度よりも低い傾向がある。

原理はこうである。炭素14は大気中で作られ、大気と接する海水表層の炭素14濃度も大気と同じである。しかし中層、深層になると大気中の濃度よりも低い。海水は地球レベルで循環しているため、北大西洋の海面近くにあった海水が深層まで沈み込み、大西洋の大洋底を移動し、インド洋の海底を通って北太平洋で表面に上がってくることがわかっている。その時間はなんと二〇〇〇年である。すると、オホーツク海の表層付近の海水の炭素14濃度は、炭素14濃度が二〇〇〇年分低い海水と、大気と同じ濃度をもつ表層水がブレンドされるため、年代に換算すると約八〇〇〜一〇〇〇年も古いことがわかっている。

したがって炭素14濃度が低い海中に生息する魚貝類を土器で調理し、それがコゲとして残ったとしたら、調理した年代とコゲの年代は大きくずれることになり、古い年代がでる可能性があるのだ。弥生人が何を食べて、何が焦げたのかがわからない限り、歴博の年代は使えないというのである。

実際には炭化物中の炭素13の割合や窒素同位体を調べれば海起源か陸起源かはわかるので問題はないのだが、この点まで踏み込んだ反論はない。

ではススはどうか。これにも古木効果の疑いがあるので信用できないという意見がある。古木効果とは、燃料となった薪に数百年前の木、たとえば廃材や古民家の建築材を使っていれば古い年代がでるという考え方である。なかには、樹齢五〇〇年の木の中心部分の心材を薪とすれば五〇〇年分、古い年代がでるというものまである。

後者はお笑いだが、前者についてはは可能性があるので、試料の量を増やして統計的な確率で判断するしかない。もし頻繁に廃材などを使っていれば、土器型式が同じ土器に付着したススの年代はばらつくはずだが、そのような傾向は認められない。それにカマドなどを使ったことのある人ならわかると思うが、燃料はワラや樹齢の若い薪などを使うことが多いため、古木効果の影響もほとんど考える必要はない。この説を根拠に前一〇世紀説を批判する人は、日本考古学や朝鮮考古学を専門とする研究者に多い。

B説は、この五〇〇年間に調査が進んだ朝鮮半島やその北に広がる中国の遼寧《りょうねい》地域における考古学的な知見により、弥生開始年代を紀元前八〇〇年まではさかのぼる可能性を認める立場である。この説は中国考古学を専門とする一部の研究者に多く、基本的に炭素14年代は補助的にしか参考にしない。

C説は日本の考古学者が高精度に構築してきた土器編年を重視し、土器型式ごとの炭素14年代を測定したうえで求めた、土器型式ごとの較正年代に準拠する立場である。その結果、弥生最古の土器型式の存続幅を前一〇世紀後半から前九世紀中ごろの約一〇〇年としたうえで、弥生開始年代を前一〇世紀後半に求める。この説は一部の中国考古学を専門とする研究者の支持を得ている。本書は、この年代観に基づいて記述した。

またB説は、新しい資料が出土すれば年代がさかのぼる可能性があるため、あくまでも現状では弥生開始年代を前八〇〇年に置いているにすぎない、ということもできよう。

③ 弥生時代の縄文文化

一二〇〇年間つづいた弥生時代の日本列島には複数の文化が存在した。代表的なものが弥生文化、続縄文文化、貝塚文化である。弥生文化は本州・四国・九州に展開した文化。続縄文文化は前四世紀以降の北海道を中心とする文化、貝塚文化は奄美から沖縄・宮古を中心とする文化である。しかしもう一つ忘れてはならない文化がある。縄文文化である。

九州北部で本格的な水田稲作が始まると弥生時代が始まって弥生文化が成立するが、九州北部以外の地域ではまだ縄文文化が続いている。その地域で水田稲作が始まるまでは縄文文化が続いていることになるのだ。したがって弥生時代の日本列島には縄文文化を含む四つの文化が存在していたことになる。

このうち最大かつ最長のひろがりをもつ弥生文化とはどんな文化なのか？　という問い

に対しては、最終的にエピローグで答えることになるが、ここでは水田稲作を生活全般の中心においた文化と仮定して先に進むことにしよう。

④ 本書の構成 年代観／早期・前期・中期・後期

本書は、弥生時代を、早期前半、早期後半〜前期後半、前期末〜中期前半、中期後半〜中期末、後期という五つの段階に分けて、古い方から順に叙述していくが、その前にプロローグとして、弥生時代が始まる前の東アジア世界と縄文晩期社会をみておこう。

弥生時代の指標となる水田稲作は、AMS―炭素14年代測定法を用いた自然科学的な方法によって、前一〇世紀の九州北部に始まったと考えられる。前一〇世紀といえば、すでに中国黄河《こうが》中流域の中原《ちゅうげん》とよばれる地域には西周《せいしゅう》という古代国家が成立していたが、中国東北部や朝鮮半島にはまだ国家の兆しさえみえない段階である。そのような東アジア情勢のなかで、朝鮮半島南部で青銅器を用い、水田稲作を行っていた人びとが海を渡ったことをきっかけにして、九州北部で水田稲作が始まる。朝鮮半島南部の人びとはなぜ海を渡ったのか。九州北部で水田稲作が始まる原因を理解するために、当時の東アジア世界と縄文晩期社会をみておく。

第一章（弥生早期前半）では、水田稲作を行う朝鮮半島南部の青銅器を用いる人びとが、九州北部の玄界灘《げんかいなだ》沿岸地域に渡って水田稲作を開始する経緯や、もともと玄界灘沿岸地域に暮らしていた在来の人びとの暮らしぶりなど、前一〇世紀後半から前九世紀中ごろにかけての約一〇〇年間をあつかう。

第二章（早期後半〜前期後半）では、水田稲作の進展にともなって、前九世紀後半に農耕社会が成立して人びとの間に格差がうまれる九州北部、前八世紀末から前六世紀にかけて水田稲作が始まる西日本、前八世紀から前六世紀にかけてアワ・キビ農耕と土偶《どぐう》のまつりを行う中部高地をあつかう。

第三章（前期末〜中期前半）では、前四世紀に出現した金属器と最古の王墓?が現れる九州北部、九州北部から一〇〇〇キロメートルも離れた東北北部で始まる水田稲作と土偶のまつり、海を越えて朝鮮半島南部に渡るようになる弥生人を対象とする。さらにこの時期から始まる北海道の続縄文文化、奄美・沖縄の貝塚後期文化もみてみよう。

第四章（中期後半〜中期末）は、中国の文献に初めて登場した日本のくにぐにのなかから、一支国《いきこく》の長崎県原《はる》の辻《つじ》遺跡と伊都国《いとこく》の福岡県三雲南小路《みくもみなみしょうじ》遺跡を取り上げ、当時のくにと王について叙述する。

その一方で、前三世紀（中期中ごろ）になってようやく本州・四国・九州の全域で行われるようになった水田稲作と関東や東北の多様な水田稲作文化について説明する。

第五章（後期）は、紀元後一世紀以降の弥生後期社会と古墳時代への道をあつかう。倭人伝《わじんでん》に記された奴国《なこく》の中核である福岡県比恵《ひえ》・那珂《なか》遺跡群と教科書でおなじみの静岡県登呂《とろ》遺跡にみられるまちとむらとの対比。佐賀県吉野《よしの》ヶ里《り》遺跡を舞台にした三世紀の倭人の衣食住を紹介する。一方では水田稲作を行う人びとが東北北部で姿を消し、水田稲作の北限は宮城から山形を結ぶ線まで南下。隙間を埋めるように北海道から続縄文文化が広がってくる。これによって本州は九州・四国とともに古墳時代への道を歩む地域と、採集狩猟生活へ戻る地域に分かれることになる。

最後のエピローグでは、こうした一二〇〇年間にわたってつづいた弥生文化とは何か、という冒頭の問題にいどむ。一度始めた水田稲作を継続し、古墳を造るのは鹿児島から宮城までの地域に限られている。

北海道や沖縄で水田稲作が行われていなかったことは知られていても、東北北部では水田稲作をわずか三〇〇年しか行わず、古墳を造らなかったことはほとんど知られていない。

水田稲作をやめることとの意味と弥生文化との関係は？　弥生文化とは何か、という問題について考えることにする。

⑤ 登場人物　縄文人と弥生人、ニューカマーと在来人、倭人

本書に登場する人びとについてふれておこう。考古学では一般的に縄文時代の人という意味で縄文人、弥生時代の人という意味で弥生人とよぶが、九州北部で前一〇世紀に水田稲作を始めた人びとが弥生人なら、同じ頃、まだ水田稲作を行っていない、近畿や東北の人びとは何人なのだろうか？　弥生時代の人には変わりないのだが、ここでは縄文文化人という意味で縄文人とよぶ。前一〇世紀から九州北部は弥生文化だが、それ以外の地域はまだ縄文文化段階にあるからである。

このように時代の転換期に登場する人びとの呼び方はきわめて難しい。したがって本書でも、弥生文化の段階にある人を弥生人、縄文文化の段階にある人を縄文人、朝鮮半島青銅器文化の段階にある人を青銅器文化人、とよぶ。

ただし、実際はそう簡単ではない。縄文系弥生人、渡来系弥生人という言葉を聞いたことがある読者もいることだろう。この場合の縄文や渡来という言葉は、先ほど説明した文化だけを指しているわけではないのが、やっかいなところである。この場合は、遺跡から見つかる人骨の特徴、すなわち形質の違いを指しているのだ。

つまり、縄文系弥生人とは、人類学的には縄文的な特徴を持ちながら弥生文化段階にあ

る人びとを指し、渡来系弥生人とは、朝鮮半島から渡ってきた青銅器文化人に人類学的に近い特徴を持ちながら弥生文化段階にある人びとを指すのである。

したがって本書では、ただ縄文人、弥生人と書いてあれば、それは○○文化の人びとを指すが、形質まで含めて違いを表現したい場合には、縄文系、渡来系を冠にして書き分けているので、ご注意いただきたい。

最後が倭人である。中国の文献に出てくる、楽浪郡《らくろうぐん》南方の海中にうかぶ島々に住む人びとの呼び名である。日本では後七世紀ぐらいまで、朝鮮半島や中国では二〇世紀まで使われていた。

西日本では前四世紀になると、弥生文化一色となり縄文人、弥生人といった違いはなくなるので、倭人と表現する場合は多々ある。「倭」の文字にはもともと小柄で醜いという揶揄《やゆ》とニュアンスの悪さがこもっているというが〔佐原二〇〇三：六〜七頁〕、本書では、第四章の鉄を求めて朝鮮半島南部に渡るようになってからあとの人びとを呼ぶ際に、歴史用語としての倭人を用いている。

⑥　弥生時代の環境

炭素14年代の導入によって細かい周期で移り変わる寒暖の様子がわかるようになってき

表1　土器型式ごとの太陽活動

較正年代	土器型式	太陽活動	環境	湿潤
前九〇〇～前八八〇	夜臼Ⅰ式	停滞期	冷涼	
前八五〇～前七〇〇	夜臼Ⅱａ・板付Ⅰ式	停滞期	冷涼。もっとも規模が大きく長い	
前六七〇～前六〇〇	板付Ⅱａ式	停滞期	冷涼	
前六〇〇～前四〇〇	板付Ⅱｂ～Ⅱｃ式	平常	温暖	
前四世紀～前三〇〇	板付Ⅱｃ・城ノ越式	停滞期	寒冷化	
前三世紀～前一世紀前半	須玖Ⅰ・Ⅱ中式		相対的に温暖	
前一世紀中頃～後一世紀後半	須玖Ⅱ新式		寒暖が交替でやってくる不安定な気候	
七〇～九〇	高三潴式	停滞期		
二世紀初（一〇〇～一一〇）	下大隈式	活発	温暖	
二世紀中（一三〇～一五〇）	下大隈式	停滞期	冷涼化	大きな降水量の低下
一九〇～二三〇		活発極大	温暖	
二五〇～二七〇		極小期	冷涼	
四世紀後半～五世紀初			やや温暖	
五世紀初～七世紀			冷涼	

た〔今村・藤尾二〇〇九ほか〕。一二〇〇年あまりつづいた弥生時代の環境を太陽活動を中心にみてみよう（表1）。実際には、木の年輪から得られる気温や湿潤の変化などの指標も加えて総合的にみる必要があるのだが、ここでは太陽活動のみ記しておく。

まず水田稲作が始まった前一〇世紀ごろは冷涼期で、これ以降、割と短い周期で温暖期と冷涼期が交互に訪れる。前九世紀から前八世紀にかけては冷涼な気候が続き、この時期には戦いが始まるとともに、むらの周りに壕《ほり》を巡らす環壕《かんごう》集落も出現する。前六世紀から温暖期にはいると、水田稲作が伊勢湾《いせわん》地域までの西日本全体で始まる。

前四世紀にはいると弥生時代でもっとも規模が大きい寒冷な気候にみまわれるが、なぜかこの時、水田稲作は北陸から東北北部に一気にとぶ。

弥生時代でもっとも暖かかったのが、前三〜前一世紀前半であった。東北の水田稲作が最盛期を迎える。また倭人が鉄を求めて朝鮮半島南部に渡ったり、中国前漢《ぜんかん》世界との交流が始まったりするのがこの頃である。

前一世紀中ごろから後一世紀後半にかけては、寒暖が交互にやってくる不安定な時期である。奴国王や伊都国王などが活躍する時期にあたる。

倭国王帥升《すいしょう》が登場する二世紀初めのころは暖かく、その後、冷涼な気候と温暖な気候が交互に訪れるものの、倭国乱《わこくらん》が終わって卑弥呼《ひみこ》が共立される二世紀終わりごろから温暖期に入り、古墳時代が始まる三世紀頃からまた冷涼な気候が訪れる。
それでは、一二〇〇年間にわたる弥生時代の扉を開く前に、日本列島で水田稲作が始まる直前の東アジア世界と縄文晩期社会からみていくこととしよう。

【参考文献】

今村峯雄・藤尾慎一郎「炭素一四の記録から見た自然環境変動──弥生文化成立期」(『弥生時代の考古学二──弥生文化誕生』四七～五八頁、同成社、二〇〇九)
今村峯雄・設楽博己「炭素一四年の記録から見た自然環境──弥生中期」(『弥生時代の考古学三──多様化する弥生文化』四八～六九頁、同成社、二〇一一)
今村峯雄・松木武彦「炭素一四年の記録から見た自然環境変動──弥生時代後期から古墳時代」(『弥生時代の考古学四──古墳時代への胎動』二八～三八頁、同成社、二〇一一)
佐原真『魏志倭人伝の考古学』岩波現代文庫学術一〇六、岩波書店、二〇〇三

目次

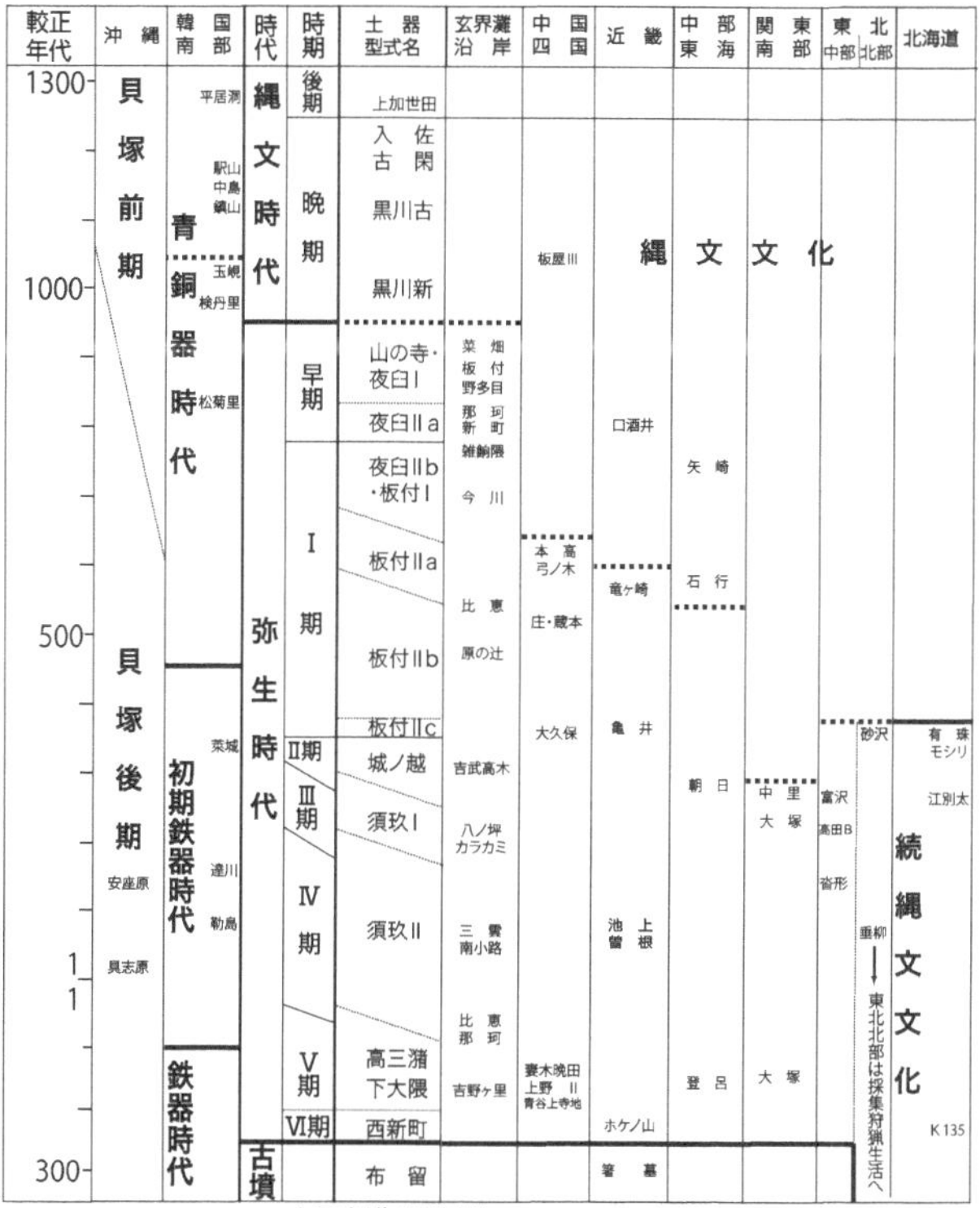

……… 水田稲作開始期

弥生時代の年表と列島内諸文化
(小文字は本書中で取り上げた主な遺跡)

プロローグ　弥生前史

弥生開始前夜の東アジアと縄文晩期社会——コメの出現

弥生開始前夜の状況

畑作農耕の始まり

弥生時代が始まる三〇〇〇年前といえば、中国の中原では商《しょう》が倒れ西周が興ったころにあたり、すでに古代国家が成立していた。しかし朝鮮半島やその北に広がる中国東北部に古代国家はまだ成立していない。

一方、朝鮮半島南部には水田稲作を行う農耕社会が成立し、環壕集落や副葬品をもつ有力者の墓などが出現していた。弥生時代が始まるのは以上のような東アジア情勢のもとであった。

第一章から本論に入っていくが、その前に弥生前史として、当時の朝鮮半島南部と西日本の縄文晩期社会の状況についてふれておきたい。弥生文化を構成する大陸起源の要素のほとんどが同時期の朝鮮半島南部にみられるとともに、コメの出現が縄文晩期最終末までさかのぼるからである。

朝鮮半島南部、今の韓国の地域でキビやアワなどの畑作が始まるのは、今から六〇〇〇年ほど前の新石器時代である。日本では青森県三内丸山《さんないまるやま》遺跡が栄えた縄文前期に相当する。

前四〇〇〇年頃にこの地にはアワ作と漁撈《ぎょろう》、採集、狩猟を組み合わせて暮らす人びとがいた（釜山《プサン》市東三洞《トンサンドン》貝塚）。

写真1　慶南平居洞遺跡で見つかった畑の址（前13世紀）
〔提供 慶南発展研究院歴史文化センター〕

紀元前一五〜前一三世紀になると、中国北部から畑作を行う人びとが南下してきて、朝鮮半島では青銅器時代が始まる。新石器時代の畑よりは規模が大型化して、アワやキビ以外にもコメやムギ、マメなどの作物が加わる。青銅器時代最古の土器である突帯文《とったいもん》土器にともなう畑で、コメ・アワ・キビなどの穀物とマメなどを作り、穂を摘み取る石《いし》庖丁《ぼうちょう》や、伐採用の磨《ま》製石斧《せいせきふ》などの農工具を使っていた（慶尚南道《キョンサンナムド》〈以下、慶南《キョンナム》〉平居《ピョンゴ》洞《ドン》遺跡：写真1）。前一二世紀になると畑の規模が三ヘクタールにも及ぶ広大な畑も出てくるようになる（慶南漁隠《オウン》遺跡）。

本格的な畑作農耕が始まったことで、朝鮮半島南部社会には有力者が出現する。前一二世紀には、石をテーブルの脚のように支石《しせき》として、その上にテーブル状の大きな石を載せる支石墓が出現している（京畿《キョンギ》道駅山《ヨクサン》遺跡）。葬られた人には、この地初の青銅器である遼寧《りょうねい》式銅剣《どうけん》が副葬されていたことから、墓の主が有力者であったことがわかる。遺っていた人骨の炭素14年代測定によって、紀元前一二世紀に亡くなったことがわかっている。遼寧式銅剣や後に出てくる前漢の鏡などは、持っているだけで持ち主の威信が高まるので、威信財《いしんざい》と呼ばれている。それに対して鉄や武器のように持っていることが直接、生産や戦いで有利に働く財のことを必需財と呼んでいる。

朝鮮半島南部の例は、水田稲作が始まる前でも、本格的な畑作農耕を生産基盤としていれば、青銅器を副葬品にもつような有力者が出現することを示す。二〇一四年に調査された春川《チュンチョン》市中島《チュンド》遺跡では、儀礼行為によって打ち壊されたと考えられる遼寧式銅剣の破片が住居址《あと》から見つかっている。

水田稲作の始まり

朝鮮半島南部で水田稲作が始まるのは前一一世紀ごろである。長江《ちょうこう》下流域で七〇〇〇年ほど前に始まった水田稲作は、紀元前三〇〇〇年紀の中頃には山東《さんとう》半島に到達していたと考えられているが、まだ中国では畦《あぜ》で明瞭に区画され、灌漑《かんがい》施設を備えた定型化した畦畔《けいはん》をもつ水田址は見つかっていない。

写真2　蔚山市玉峴遺跡で見つかった水田の址（前11世紀）〔提供　慶南大学校博物館〕

環黄海地域で畦畔を備えたもっとも古い水田址は、朝鮮半島南部で見つかっているが、最初に畦畔をもつ水田はどこで現れたのか。山東半島なのか、朝鮮半島南部なのかはまだわかっていない。

蔚山《ウルサン》市玉峴《オクキヨン》遺跡では、一区画が二～三平方メートルの小区画水田が見つかっており（写真2）、九州北部でもっとも古い水田にともなう木工具や収穫具の原型ともいえるような石器群が出土している。磨製石鏃《せきぞく》（石の矢じり）や磨製石剣などの武器類が出現するのもこの時期からなので、朝鮮半島南部では水田稲作を行う社会になって戦いが始まった可能性がある。

前一〇世紀になると、慶尚道地域で環壕をもつ遺跡が数多く出現する。現状では環壕の内側

写真3　蔚山市検丹里環壕集落（前10世紀）
〔提供　釜山大学校博物館〕

に住居をもつものは少ないが、それでも蔚山市検丹里《コムタンニ》遺跡では、長径が一八〇メートルに達する楕円形の環壕の内部に、多数の竪穴《たてあな》住居が見つかっているので、水田稲作を生産基盤とする農耕社会が成立していたことは確実である（写真3）。

また慶南馬山《マサン》で見つかった、直径が一〇メートルをこす積石《つみいし》の墳丘《ふんきゅう》をもつ支石墓内に葬られていた人は、磨製石剣などの副葬品を持っていた（鎮山《チンサン》遺跡）。

以上のように、朝鮮半島南部では紀元前一三世紀にはすでに本格的な畑作が始まっており、前一二世紀には青銅器を保有する有力者が現れ、紀元前一一世紀に始まった水田稲作によって、環壕集落を指標とする農耕社会が成立していた。日本の縄文晩期にあたる時期である。

朝鮮海峡を挟んだ交流

朝鮮半島南部に農耕社会が成立したことは、のちに九州北部で水田稲作が始まる契機となるが、九州北部と朝鮮半島の間には、もともと数千年にわたる交流があった。

朝鮮海峡をはさんだ両地域には七〇〇〇年前の縄文前期から、朝鮮半島沿岸から九州西岸にかけて回遊魚を追って移動生活を送っていた海洋漁撈民がいた。彼らは時に板状の環の一部を切ってC字形をした玉《ぎょく》の形をした耳飾り（玦状耳飾り《けつじょうみみかざり》）のような中国製の珍しく高貴な文物や、結合式釣針とよばれている特徴的な釣針などを広める運び屋のような役割も果たしていた。

朝鮮半島の南海岸や島嶼部《とうしょぶ》からは縄文土器が、対馬《つしま》や壱岐《いき》、九州北部の沿岸部からは朝鮮半島の新石器時代の土器である櫛目文《くしめもん》土器が見つかる。両地域の人びとが漁の途中で海岸部の港や島嶼部の港に出入りしていたことを示す証拠と考えられる。

このように新石器時代の交流は、沿岸部や島嶼部の港に、漁の途中で立ち寄った程度の一時的なものにとどまるという、漁撈民型の交流であった。

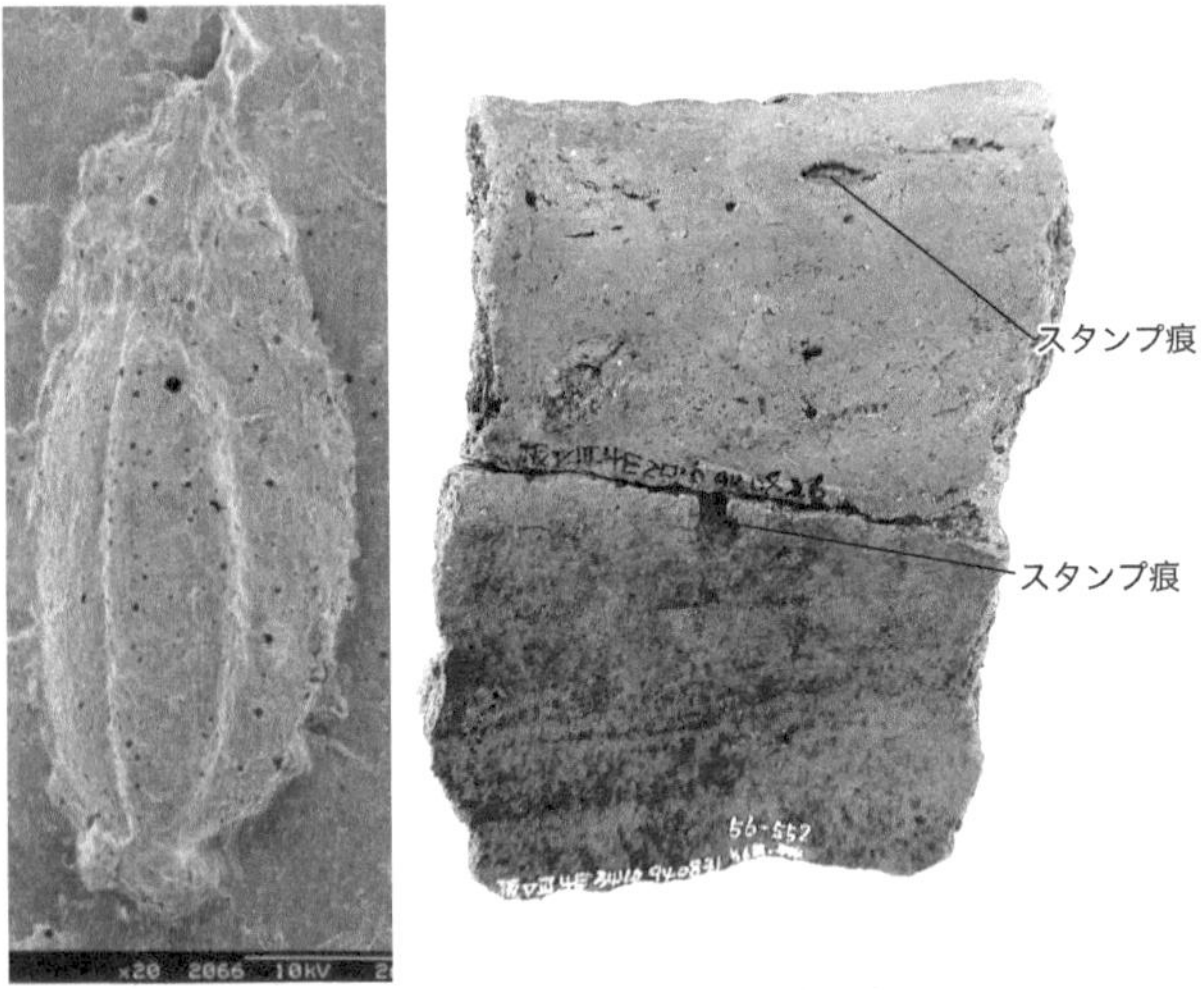

写真4　最古のコメのスタンプ痕土器と電子顕微鏡写真
〔撮影　丑野毅氏〕

交流の質的転換

しかし前一一世紀にはいると、海岸部や島嶼部にとどまっていた朝鮮半島の土器が九州東部や中国地方の内陸部で見つかるようになる。中国山地の山《やま》間《あい》に立地する遺跡（島根県板屋《いたや》Ⅲ遺跡）で見つかった紀元前一一世紀の突帯文土器の表面には、イネ籾《もみ》のスタンプ痕（写真4）が付いていたが、これなどはコメが土器作りの現場まで持ち込まれていたことを意味している。遺跡からは朝鮮半島青銅器時代前期の特徴である孔列文《こうれつもん》をもつ土器も見つかっており、これにもイネの籾のスタンプ痕が付いていた。

これは青銅器時代になると、移動先

である土地に、ある程度の時間幅をもって定着するような農耕民型の交流に変わったことを示している。新石器時代の漁撈民型交流とは質的に異なっている〔高倉一九九五〕。交流が質的に転換したのはどうしてであろうか。

水田稲作民が海を渡った背景

朝鮮半島南部において水田稲作が発展し、農耕社会が成立すると、むらの有力者とそれ以外の人という身分の差が顕在化してくる。こうした社会の変化が農耕社会の内部に矛盾を生じさせると、それから逃れようとする人びとが出てくるようになる。九州北部に水田稲作を伝えたのは、そうした人たちであった〔安二〇〇九〕。

先に述べたように紀元前一一世紀になって朝鮮半島東南部に造られるようになる環壕集落や、巨大な墳丘をもつ墓に葬られた人びとこそ、農耕社会の成立や有力者の存在を物語っている。

日本の水田稲作が前四世紀頃に始まると考えていたころは、中国戦国時代における戦乱が諸民族の移動を引き起こし、それに押し出されるように朝鮮半島の人びとが海を渡って九州北部に水田稲作を伝えたと考えられていた。中国における戦乱に遠因を求め、朝鮮半島の人びとは仕方なく海を渡ったと考えたのである。まるでベトナムのボートピープルのように。
朝鮮半島で農耕社会が成立することで、七〇〇〇年前から続く朝鮮半島と九州の交流が質的に転換すると、朝鮮半島南部の人びとが海を渡り、水田稲作文化を伝えた。つまり朝鮮半島南部の人びとは、農耕社会が成立することによって生じた矛盾から逃れるために海を渡った。いわば迫害から逃れたメイフラワー号という見方に変わるのである。

海を渡った人びとのふるさとは、朝鮮半島と九州北部の墓に副葬された、外面に赤い丹《に》を塗った壺（丹塗り磨《ま》研壺《けんつぼ》）の比較検討から、釜山と金海《キメ》の間を流れる洛東江《ナクトンガン》の下流域の可能性が高い〔安二〇〇九〕。数あるふるさとの中の一つであったことは間違いない。

渡海ルート

朝鮮半島南部と九州北部を結ぶルートとして真っ先に頭に浮かぶのは、三世紀のことを記した『魏書《ぎしょ》』東夷伝《とういでん》倭人の条にも書いてある対馬、壱岐ルートである。実際、新石器時代の朝鮮半島の土器は、対馬や壱岐の島嶼部から見つかるので、新石器時代の海上ルートの一つであったことは間違いない。しかし、肝心の前一〇世紀ごろの朝鮮半島の墓制である支石墓や、支石墓に副葬される丹塗り磨研壺などがまだ対馬・壱岐において見つかっていない。

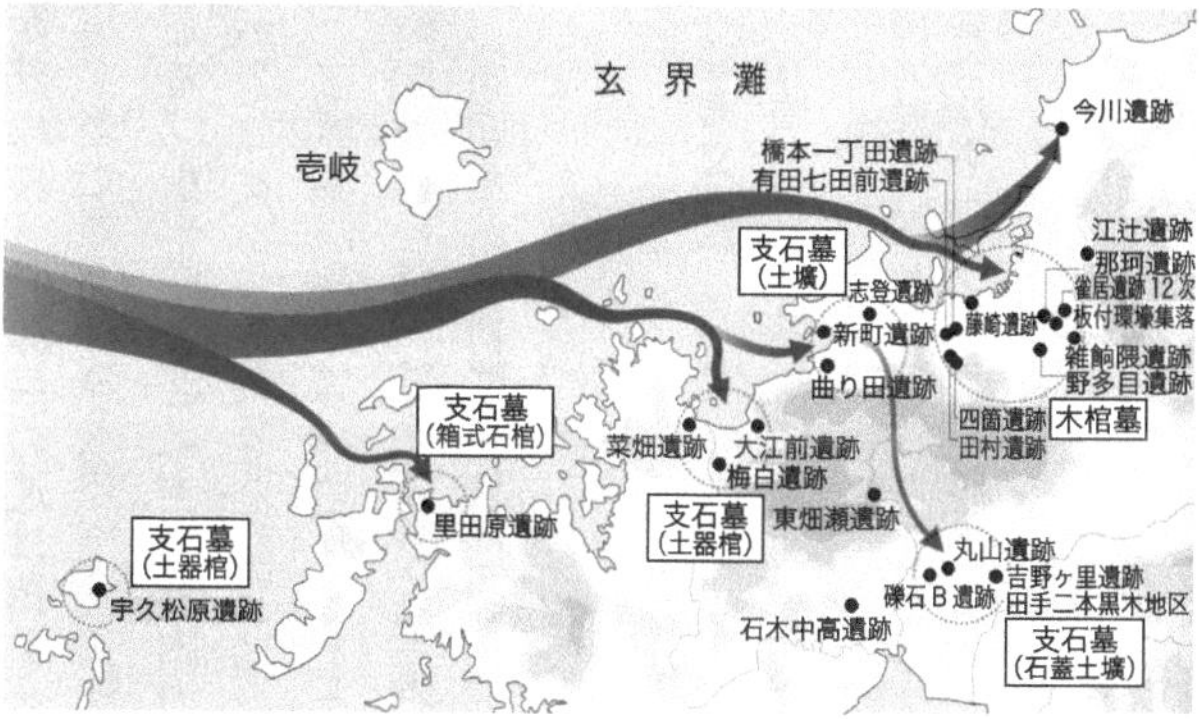

図3　水田稲作の拡散ルート

　この事実が対馬や壱岐が渡海ルートではなかったことを意味しているのか、それとも水田稲作を行う適地がなかったから定着しなかったのかはわからないが、実際、古い支石墓が多く見つかっているのは、長崎県平戸《ひらど》市付近から福岡県糸島《いとしま》平野にかけての玄界灘沿岸地域である。

　これらの地域には、海に向かって狭小な平野が広がっていて、一つ一つの平野が独立した単位となっている。集落遺跡は明確でなく、顕著な遺跡は朝鮮半島南西部の墓制である支石墓である。南方式と呼ばれる小型の上石を持つタイプで、遺体を納める棺には石棺、土器棺、土壙《どこう》などがあって多様だが、小平野ごとに棺の形式がまとまる傾向がある。しかも西の平野ほど古い傾向がある。この現象はどのように理解すればよいのだろうか。

　朝鮮半島南西部の人びとは、海流に乗って九州北西部に渡る。渡海の波は複数あって決して一度ではない。人びとはたびたびやってくるが、すでに先着の人がいる平野には定着せず、やり過ごして東へ東へと船を進めることになる。小平野ごとに支石墓内の棺の形式が異なるのは、おそらく故地が違うのではないか？　という説がある（図3）。

玄界灘沿岸地域に所在する支石墓の年代をすべて測っているわけではないので、正確な時間差は今後、詰めていく必要があるが、きわめて興味深い考え方である。

想像だが、朝鮮半島南西部の人びとが到着すると、さっそく地元の縄文人の知るところとなっただろう。そして両者はついに接触する。水田稲作の始まりである。

【参考文献】

安在晧（村松洋介訳）「松菊里文化成立期の嶺南社会と弥生文化」（『弥生時代の考古学』二――弥生文化誕生、七三～八九頁、同成社、二〇〇九）
国立歴史民俗博物館編『弥生はいつから!?』企画展図録、二〇〇七
高倉洋彰『金印国家群の時代』青木書店、一九九五

第一章　弥生早期前半

（前一〇世紀後半～前九世紀中ごろ）　水田稲作の始まり

1　水田稲作開始期の人びとの暮らし

水田稲作民と在来民

日本列島で最初に水田稲作が始まった九州北部、玄界灘沿岸地域の福岡・早良《さわら》平野。初めて水田稲作を行った人びとの暮らしをみていこう。

登場するのは朝鮮半島南西部から海を渡ってきた水田稲作民と縄文後・晩期からこの地で暮らしていた人びとである。後者はいわゆる地元の人びとだが、考古学では在来民という用語をよくもちいる。

水田稲作民とはその名の通り水田稲作農耕を行う人びとだが、ただコメを作るだけではなく、ここでは水田稲作中心の暮らしを送っていた人びとのことを指す。作物がコメだったというだけでなく、稲作を効率的に行うために適した労働組織や物資交換の仕組みを備えた社会をもち、コメの豊穣を祈るまつりを行うなど、まさに生活の中心にコメ作りがあった人びとである。しかしコメという特定の作物に依存する生活を送ることは危険と隣り合わせ。不作の時には食料不足に陥りやすい。

もちろん生業に占める水田稲作の割合を見ると、水田稲作民ごとに高い低いはあっただろう。しかし重視したいのは実際の比率ではなく、水田稲作民が生活の中心に水田稲作を位置づけた暮らしを送ることを前提にしていることである。

一方、在来民は、特定の食料に頼らずに採集・狩猟・漁撈などあらゆる食料獲得手段を駆使して生活する点に特徴をもつ。ある木の実が不作でも他の木の実が多く採れれば暮らしていけるというように、いろいろな食料を幅広く採集することによって、危険を分散している。だから周辺の食料資源に対して集団の規模が適正であれば食料不足に陥ることはまずない。

在来民の中にはアワやキビなどコメ以外の穀物を栽培していた人びと、すなわち採集・狩猟・漁撈に農耕を加えた人びとがいた。考古学では園耕民《えんこうみん》（ホルティカルチャー）と呼ぶ。農耕を行っているものの、それはあくまでも生業の一部であって、農耕中心の暮らしを送っているわけではない人びとを指す。縄文後・晩期の西日本の在来民のほとんどは園耕民であったと予想されている。

園耕民は縄文後・晩期以来、平野の中・上流域を中心に暮らしていた。森や川、山など、いろいろな生態系が交わる場所こそが、彼らが暮らしていくのに最適な場所だったからだ。園耕民にとって魅力がなかったのか、下流域には暮らしのあとは認められない。それどころか、福岡平野の下流域に水田が拓《ひら》かれる前一〇世紀後半よりも前に在来民が暮らしていた痕跡を捜そうにも、九〇〇〇年も前の縄文早期（轟《とどろき》式段階）までさかのぼらないと見つけられないのだ。つまり水田稲作民が下流域で暮らし始めるまでの約六〇〇〇年間は、下流域は在来民にとっては魅力のない土地だったのだ。

こうした状況は九州北部だけではなく、九州から関東南部までの地域に一般的にみられる現象である。唯一異なるのは第三章で述べる東北北部ぐらいである。

福岡・早良平野の場合

縄文晩期の終わりに出現し、この地域でもっとも古い水田稲作民のむらの一つである福岡市有田《ありた》七田《ななた》前《まえ》遺跡を例に、水田稲作がどのようにして始まったのかをみてみよう。

有田七田前遺跡は早良平野に所在し、室見川《むろみがわ》の下流域に立地する遺跡で、現在は水田になっている。早良平野に在来民が住み始めるのは約九〇〇〇年前（縄文早期）からだが、約七〇〇〇年前の縄文海進にむかって海水面が上昇するにつれ、在来民は本拠地を平野の中・上流域に移していった。在来民が再び下流域に現れるのは晩期末である。つまり六〇〇〇年あまりの間、平野の下流域を本拠地とする人びとは皆無だったのだ。

在来民が多く暮らしていた中流域には、縄文後期末にマメ類を栽培していた園耕民が暮らしていた（四箇《しか》遺跡や田村《たむら》遺跡など：図4）。在来民は複数の生態系が交錯して、さまざまな食料を確保できる中流域を好んだのだ。

一方、縄文時代の終わりごろは冷涼で雨も多かったため、河川の活発な堆積作用によって、三日月湖状の低湿地が下流域の各所に形成され、のちに水田が拓かれる好適地を形成しつつあった〔藤尾編一九八七〕。

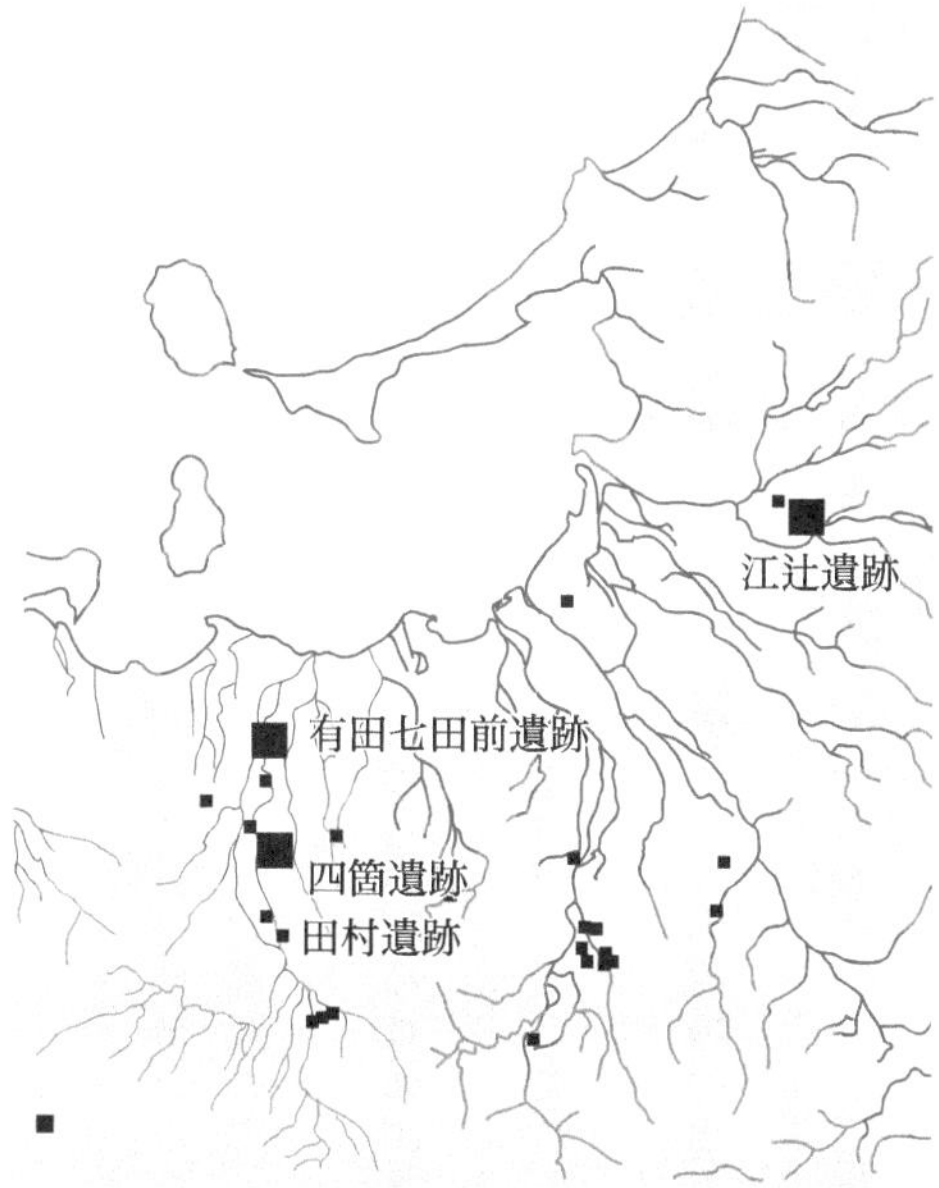

図4　福岡・早良平野の縄文後・晩期における遺跡分布図

一九九〇年代の統計では、縄文後・晩期の遺跡が早良平野で二六ヵ所確認されているが、有田七田前遺跡もその一つである。この遺跡からは種籾《たねもみ》を蓄える朝鮮半島系の大形の壺や木製農具、農具を作る工具としての大陸系の磨製石器類が出土していることから、水田址こそ見つかっていないもののコメを作っていたことは間違いない。ではこの遺跡の人びとはどこからやって来たのであろうか。

手がかりは土器である。もっとも多いのは地元の晩期系土器（黒川《くろかわ》式土器）だが、近畿の土器（滋賀里《しがさと》Ⅲb式）や朝鮮半島青銅器時代後期の忠清南道《チュンチョンナムド》の土器（松菊里《ソングンニ》式）などもわずかに含まれている。

このことからこの遺跡の人びとは基本的に地元出身者だが、近畿や朝鮮半島の人びととも交流を持っていたことがうかがえる。下流域にはもともと在来民は住んでいなかったのだから、中流域に住んでいた在来民の一部が下流域に進出し、水田稲作を始めたと考えられる。なかには朝鮮半島南部の出身者が含まれていたのかもしれない。

下流域に有田七田前遺跡が出現しても中流域の遺跡は存続していることから、マメ類を栽培していた中流域の園耕民と、下流域の水田稲作民が住み分けていたことになる。こうした住み分けはこの地域に限られたものではない。西日本や関東南部などの水田稲作開始期によく見られる一般的な現象である。

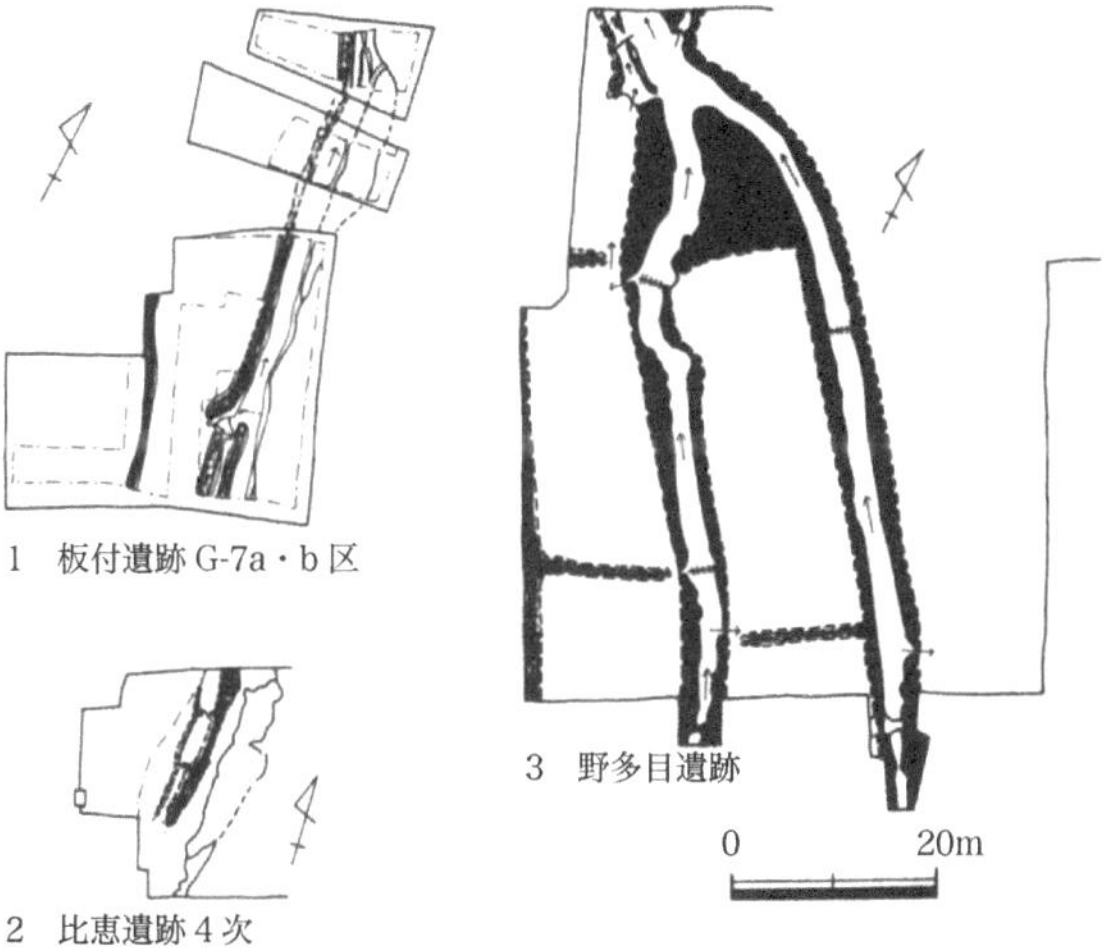

図5　福岡平野における初期水田（〔田崎1998〕より作成）

2　最古の水田

立地・構造

もっとも古い水田をみてみよう。福岡市板付《いたづけ》遺跡や野多目《のため》遺跡で見つかっている水田は段丘上に拓かれ、小規模な河川から水路を通して水を引き込んで幹線水路を確保している。幹線水路には取排水を調節する井堰《いせき》を設置し、その間隔は野多目遺跡で三〇メートル、板付遺跡で五〇メートル、いずれもほぼ等間隔で設置されている（図5）。

つまり段丘上の森林を切り拓き、高度な技術を駆使して水路を掘削し、人工的に水を通して給水を行わなければコメを作ることができない乾田《かんでん》を造っていたのである。板付遺跡の水田が見つかるまで、弥生開始期の水田は、わざわざ水路を造って水を引き込む必要のない、低地を利用した湿田《しつでん》だと考えられていたので、学界は板付水田の発見に大きな衝撃を受けた。

給排水施設である井堰が狭い間隔で設置されているので、水を引く水田は一区画から数区画からになる。畦畔は土盛りなので、大量の杭、矢板《やいた》、横木《よこぎ》によって補強する必要があり、その数は何百、何千にもなる。鉄器をもたない弥生人たちは、大陸系の磨製石器を駆使してそれらを時間をかけて製作したのであろう。

水田一区画の面積は、三〇〇～五〇〇平方メートルの、いわゆる大区画水田である。水田は水平でないと水を溜めることができないので、一区画が五〇〇平方メートルの水田を造るためには、水平に保つための高度な造田技術が必要となる。しかも土地の傾斜や地下水位の高さは地域によって異なる。水田稲作民は当初から、条件に応じてさまざまなタイプの水田を造ることができる高い土木技術を持っていたのだ。

水田を拓くという意味

森林を切り拓き、そこに水を引いて水田を造る技術が高度なものであることは言うまでもないが、それ以上に注意したいのは、自然を大規模に改変するという発想である。

縄文人が自然を大規模に改変するための土木技術を持っていたことは、石や堤を円形に巡らして直径が数十メートルにも達する環状列石《かんじょうれっせき》や周堤墓《しゅうていぼ》を造っていることからも容易に想像することができる。しかしそれらは、ある種の宗教的な施設を造る場合がほとんどである。

縄文人は食料を獲得する目的で大幅な自然改変を行うことはない。木の実のなる大切な森を根こそぎ伐採して、そこに水路を引いて水田を造るという発想は、縄文からは出てこない。それはまさに朝鮮半島青銅器文化の発想である。水田稲作の開始とは、単なる食料獲得手段の変更にとどまらない、社会面や精神的な面までも巻き込んだ生活全体の大変革だったことがわかるだろう。これは、縄文人が見よう見まねで出来るようなことではないので、朝鮮半島南部から来た人びとが何らかの形で関わっていたことは間違いない。

精神的な転換をともなう水田稲作をこのようにして一度始めてしまえば、あとは何が何でも水田稲作にしがみついてコメを作り続けるしかなくなる。

コメ作りが天候に大きく左右されることは、現在も三〇〇〇年前も同じである。弥生人の苦労は遺跡にもしっかりと残されている。板付遺跡では、約二〇〇〇年の間に大きな洪水を複数回受けているが、そのたびに水田が砂に覆われ、コメ作りが中断されたことがわかっている。野多目遺跡では、地下水位の上昇によって、排水が出来なくなり生産量が落ちた水田を最終的には放棄したことが確認されている。

三〇〇〇年前の稲作民が厳しい環境のもとでコメを作っていたことがしのばれる。だが彼らはコメ作りをやめることはなかった。安定してコメを作ることができる別の土地にまた新たな水田を拓き、コメを作り続ける。それが弥生人なのだ。

3 最古の弥生土器

縄文土器の特徴をもつ「最古の弥生土器」

水田稲作の開始をもって弥生時代が始まると定義しているので、最古の弥生土器はもっとも古い水田稲作にともなう土器、ということになる。

現在、もっとも古い弥生土器は、福岡市橋本一丁田《はしもといっちょうだ》遺跡で出土した方形の浅鉢《あさばち》である(写真5)。上からみると方形であることに、この名の由来がある。「なんだ、縄文土器じゃないか!」と思う方がほとんどであろう。四つの頂をもつ山形口縁は縄文土器特有の形である。それにそもそも浅鉢自体が縄文土器特有の器なのである。

見た目は縄文土器なのに、なぜ最古の弥生土器といえるのか。それは今から四〇年前、ある研究者が弥生時代の指標を変えたからにほかならない。そもそも一八八四（明治一七）年に現在の東京大学工学部構内にあった向ヶ岡貝塚ではじめて弥生式土器（写真6）が見つかってから一九七〇年代まで、弥生時代の指標は弥生土器であった。

しかし弥生土器の研究が進むにつれて、弥生土器と後続する古墳時代の土器である土師《はじ》器《き》との区別が難しくなり、どこまでが弥生土器で、どこからが土師器なのかを区別できなくなってきた。

写真5　最古の弥生土器（福岡市橋本一丁田遺跡）〔原品　福岡市埋蔵文化財センター蔵〕

そこで土器で時代を区別するのではなく、その時代を特徴付ける指標で区別するという考えが提示された〔佐原一九七五〕。水田稲作の時代が弥生時代、前方後円墳の時代が古墳時代なら、水田稲作が始まっている橋本一丁田遺跡の方形浅鉢は、見た目は縄文土器であっても最古

写真6　弥生土器1号（文京区向ヶ丘貝塚出土）〔原品 東京大学総合研究博物館蔵〕

の弥生土器ということになるわけだ。

ただすべての方形浅鉢が弥生土器かと言えばそうではない。同じ時期の近畿にも方形浅鉢はあるが、近畿ではまだ水田稲作を行っていないので、こちらは縄文土器ということになる。同じ方形浅鉢でも、縄文土器と弥生土器があることになるが、指標が土器ではなくなったことがこのような現象を引き起こしたのだ。

つまり水田稲作を始めたばかりの人びとは、縄文以来の特徴と機能をもつ浅鉢や深鉢といった土器（見た目は縄文土器）に、新しく朝鮮半島南部から伝わった種籾を貯蔵するための壺（見た目は弥生土器）を組み合わせて、農耕生活を始めたことになる。私たちが教科書で見慣れた弥生土器が出てくるには、さらにもう一〇〇年ほど時間がかかるが、それまでは系譜を異にする土器を組み合わせて生活していたのである。

4　年代

決定的証拠

歴博は二〇〇七年に、方形浅鉢（写真5）の外面に付着していたススを採取し、炭素14年代測定を行った。その結果、二七六〇±四〇炭素年という年代を得ることができた。それまで、最古の水田にともなう土器の測定例としては、佐賀県唐津《からつ》市菜畑《なばたけ》遺跡から出土した甕《かめ》の底部の内面に付着していた炭化物の年代ぐらいしかなかった。橋本一丁田遺跡の測定結果は最古の弥生土器の測定例を増やすと同時に統計処理を可能としたので、水田稲作の開始年代は前一〇世紀後半までさかのぼることを突き止めることができたというわけである。

橋本一丁田遺跡では水田址が見つかっているわけではないが、木製農具や石庖丁（写真7）、水田にともなう水路が見つかっているので、水田稲作を行っていたことは確実である。耕すためのクワや、苗代《なわしろ》の水田面を平坦にならすためのエブリなどの形は、大正時代まで用いられていたものとほとんど変わりがない。

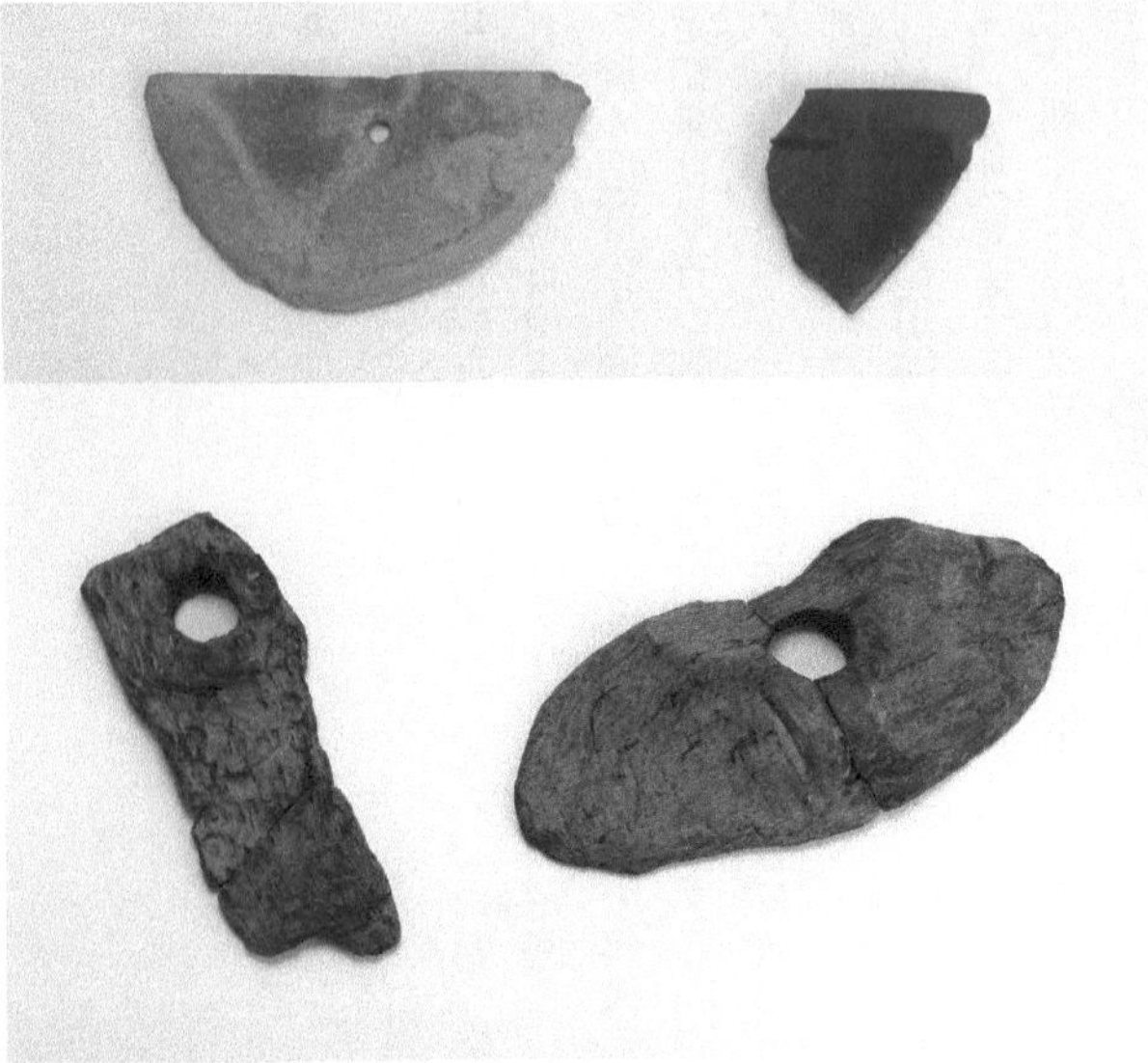

写真7　最古の石庖丁（上）と木製農具（下）（福岡市橋本一丁田遺跡）〔提供 福岡市埋蔵文化財センター〕

　またこの遺跡からは大量の杭が見つかっている。おそらく水田の畦や水路の壁を補強するために用いられていたのであろう。これだけの杭の先端を尖らせるための作業量は膨大であったと思われる。

　ではこれだけ大量の杭をどのようにして作っていたのであろうか？

5　利器は石器だけ

伐採

　杭や農具などの木製品を作る道具は石器である。鉄の道具が使われるようになるのは、もっとも早い九州北部でもそれから六〇〇年後まで待たなければならない。石器の中心は大陸系磨製石斧と呼ばれる朝鮮半島南部の系譜を引いた石斧類である。では、木製品が出来るまでの工程をみてみよう。

木を切り倒したり、大きく割ったりする石斧が太型《ふとがた》蛤《はまぐりば》刃石斧と呼ばれる重く厚い石斧である。刃の部分を横から見るとハマグリを横から見た形に似ている点に名の由来がある。

重くすることで木に深く食い込ませ、厚くすることで木から抜きやすくしている。刃先の線が柄の主軸とほぼ並行するように取り付けられているので縦斧《たておの》とよぶ。金太郎さんが持っているまさかりをイメージしてもらえばよい。

ただ、切り手との関係で意識的に一五度ほど斜めにずらして柄に装着したものもある。柄は衝撃で割れないように非常に堅いカシの木で作る。縄文人が基本的に利用しなかった樹種である。石斧を差し込む穴は根に近い方に開けられ、しかも穴の一方を狭く一方を広くして、石斧の形に合わせてある。

伐採用の石斧の重さは一・四キログラムを超え刃の幅が八センチメートルに近い特大のものから、重さが六〇グラム、刃の幅が四センチメートルほどの小さいものまで四種類ほどある。特大の石斧には長さが七〇センチメートル前後の柄をつけて、木を伐採したり一定の長さに切断する場合に用いる。柄の長さが五〇センチメートルほどの短いものには、軽くて薄い大型や中型の石斧をつけ、枝を払ったり、灌木を伐採したりするときに用いた。

分割

太型蛤刃石斧で一定の長さに切断した原木は用途によってさらに加工される。丸木のまま利用する杭などは先端を尖らせて用いる。矢板などの板材を作ったり、木器を加工したりする場合には、原木を縦方向に分割して心を抜いたあと、板材に加工していく。縦斧で割れ目を入れ、くさびを打ち込み、裂け目に薄い縦斧を入れて、丸木をミカンを割るように二分の一、四分の一、八分の一と分割していく。

前九世紀後半の水田用の水路が見つかった佐賀県梅白《うめしろ》遺跡からは、クリ材をミカン割りして作った杭が出土した。年輪が一五年ほど残っていたことから、樹齢二〇年弱のクリの木を分割して杭を作ったことがわかる。炭素14年代測定の結果は、前九世紀後半に伐採されたことを示している。

整形

材の表面を平滑に整える道具が柱状片刃石斧《ちゅうじょうかたばせきふ》や扁平《へんぺい》片刃石斧と呼ばれる大陸系磨製石器である。柄に対して刃の線を直交して取り付けるので横斧《よこおの》と呼ばれている。石斧は片刃の部分を使用者側に向けて、柄の握りと斧をくりつける台が鋭角になった部分に装着する。横から見ると膝を曲げたようにみえるので膝柄《ひざえ》と呼んでいる。

伐採用の斧と同じように大きさと重さを異にして用途別に分かれている。もっとも大きいのは石斧の重さが四〇〇グラム前後、刃の幅三～四センチメートル、柄の長さが六〇センチメートル内外のもので、両手を使い大きな円運動によって木の表面を削り落とすものである。

長崎県里田《さとだ》原《ばる》遺跡では、柱状片刃石斧を縦斧として着装する木柄が出土しており、材を側面からはつる工具のあったことがわかる（写真8）。

写真8　縦斧として使った柱状片刃石斧
（長崎県里田原遺跡）

さらに小型の横斧として使われたのが扁平片刃石斧である。石斧の大小、軽重、柄の長短などを組み合わせて、建築用、細工用、刳《く》り物の内刳りなど、いろいろな場面で重宝されたと考えられる。遺跡から見つかる板材の表面に波形の削り痕跡が見られることがあるが、扁平片刃石斧などではつりとった痕である。

これ以上、材の表面を滑らかに整えようと思えば現代あるような台ガンナはないので、ヤリガンナの出番である。刃が匙《さじ》のような曲面をなし、剣先の形をした両刃で、両側辺にも刃をもつ。刃の先端がヤリ先のように尖っているので台ガンナのような幅広の平坦面を作ることは難しい。

以上が弥生開始期の主要な工具である。

農具

大陸系磨製石器で作られた木製農具のうち、もっとも古いのが、先述した橋本一丁田遺跡や福岡市雀居《ささい》遺跡で出土している。前者は同じ場所から出土した方形浅鉢の年代からみて前一〇世紀後半であることが確実な木製農具（写真7）である。

クワは平面の形が長楕円形で、使い手側に内刳りをもつ。前三世紀までの約七〇〇年間にわたって使い続けられた形である。クワ以外にもスコップのような使い方をするスキや、水田の表面をかきならして平坦にするエブリなどが出土している。スキは一本の木から作り出されたものである。農具の器種分化はまだ少ないが、基本的なセットは当初からそろっていたことがわかる。

同時期の朝鮮半島南部の農具が見つかっていないので、それらと似ているのか違っているのかはわからないが、水田稲作自体が縄文時代から行われていた訳ではないので、朝鮮半島南部で使われていたものをほぼそのまま受容したのではないかと考えられる。

橋本一丁田遺跡の水田稲作民は、石器だけで大量の杭の加工を行ったことになる。私たち現代人からみれば、なんと大変だったことだろうとついつい思いがちだが、鉄器をもと知らないのだから石器で加工するしかない、というか、それが普通だったのである。

考えてもみてほしい。私たちも同じような経験をしてきたではないか。メールやインターネットが普及して、まだ二〇年もたっていない。今これらがなくなったら大混乱に陥るだろう。生きていけない、という人もいるかもしれない。何しろ友人の電話番号を覚えていないから、電話をかけられなくなる。いや、今時の高校生はラインなるもので連絡を取り合っているから、電話自体が必要ではなくなっているらしい。

だけど、二〇年前にはメールやインターネットがないのは当たり前だった。今の便利な世界を知らないのだから疑問に思うこともなかった。皆、手帳を見ながら公衆電話から電話をかけていた。それと同じである。科学技術の進歩は便利になる反面、我々を忙しくしたのだ。

それは弥生人も変わらない。縄文人なら時間をかけて石斧で杭の加工をするのは当たり前、目的を果たすためには労力を惜しまない。鉄器を使うようになった弥生人も忙しくなったのだろうか。

以上、水田でコメを作るようになってから一〇〇年にわたって九州北部で起きた出来事を、水田稲作や水田、農工具を中心にみてきた。九州北部といっても佐賀県唐津市から福岡市にいたる玄界灘沿岸地域というほんの限られた地域の話である。日本列島の九九％はまだ縄文文化の世界だから、この段階を縄文時代に含める研究者もいる。その場合は、縄文晩期末に本格的な水田稲作が始まった、という理解になる。

しかし時代区分の考え方としては、水田稲作という重要な要素が日本列島の一角で始まり、以後、途切れることなく継続・拡大していく前一〇世紀後半をもって、日本は弥生時代に入ったと理解し、弥生早期を設定するのが本書の立場である。

次章では、玄界灘沿岸地域で始まった水田稲作が、この地域を出て、ほかの地域へどのように広がっていったのかをみていこう。

【参考文献】

佐原真「農業の開始と階級社会の形成」(『岩波講座日本歴史』一、一一三〜一八二頁、岩波書店、一九七五)
藤尾慎一郎編「福岡市早良区有田七田前遺跡一九八五年度発掘調査」(『九州文化史研究所紀要』三二、七三〜一二六頁、九州大学文学部九州文化史研究施設、一九八七)

第二章　弥生早期後半〜前期後半

（前九世紀後半〜前五世紀）　農耕社会の成立と水田稲作の拡散

1　農耕社会の成立

さまざまな変化

この章では、まず水田稲作が始まってから一〇〇〇年ほどたった前九世紀後半の玄界灘沿岸地域で起こったことについて述べる。次に、二五〇年にもわたって九州北部玄界灘沿岸地域にとどまっていた水田稲作は、前八世紀末になると西日本や伊勢湾沿岸地域に広がり始める。その結果、各地で特色ある水田・畑作農耕が始まる。ここでは、大阪平野、鳥取平野、徳島平野をとりあげてみよう。

前九世紀後半になると、玄界灘沿岸地域にはさまざまな変化が起こる。環壕集落の出現、有力者の登場、そして戦いの始まり。これらはいわゆる農耕社会が成立して、社会が質的に変化したことを示すと考えられている考古学的な指標である。

環壕集落

中国に起源をもつ集落の一形態である環壕集落は、住居群の周りに壕や土塁《どるい》、柵などをめぐらすもので、その大きさは長径が一〇〇メートル前後から数キロメートルに達するものまである。日本最古の環壕集落は、三世紀に奴国の中心となる比恵・那珂遺跡群の南西部に、本遺跡群最初のむらとして前九世紀後半に出現する（那珂遺跡第三六次調査）。

写真9　最古の環壕集落（福岡市那珂遺跡　前9世紀）〔提供 福岡市埋蔵文化財センター〕

現在のJR博多駅から南へ二〜三キロメートル離れた那珂川の右岸に、直径が約一五〇メートルの壕を二重にめぐらした環壕集落が造られ、およそ一五〇年あまり営まれる（写真9）。

この遺跡が廃絶される要因の一つが条件の悪い水田である。弥生人には制御できない大きな河川である那珂川が近接して流れているために常に洪水の危険にさらされていたことや、取排水施設が十分でない水田であったことから、生産性の低い稲作を行う生産基盤の弱い小規模な集団だったと考えられている〔田崎一九九八〕。

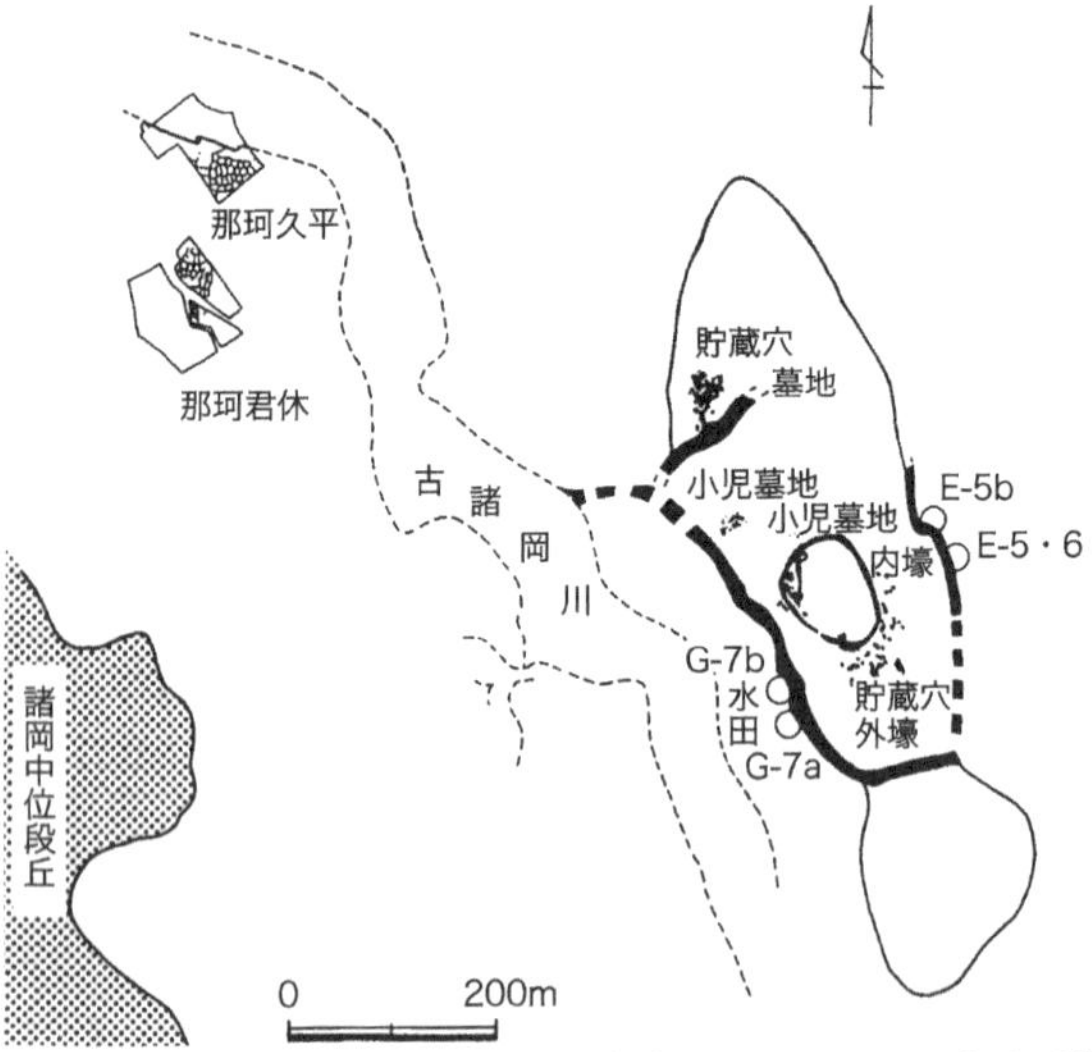

図6　福岡市板付環壕集落（前8世紀）（〔山崎1990・1991〕より作成）

環壕集落が廃絶すると、もはやこの地区にむらが造られることはなく、北に五〇〇メートルほど離れた同じ台地の西側に新たな環壕集落（春住《はるずみ》遺跡）が出現する。その後、比恵・那珂遺跡群の開発はこの地区の低湿地を舞台に進むことになる。当初、水田稲作を行っていた地点から、よりよい土地を求めて移動し、移動先で本格的な展開をはかっていたことがわかる。

有力者の誕生

那珂遺跡から上流に一キロメートルほど上ったところにある板付遺跡でも、前九世紀に内壕と外壕を二重にめぐらせた環壕集落が成立する（図6）。

長径一一〇メートルの内壕の内側には一〇～一五軒の竪穴住居が建てられていたと想定されている〔田崎一九九八〕。

板付遺跡で注目すべきはすでに階層差が生まれていたと考えられることである。子供の墓が複数の地区で見つかっているが、玉《たま》を副葬された子供の墓はむらの中心に近い内壕の内側に造られているのに対して、何も副葬されていない子供の墓はむらの中心から離れた内壕と外壕の中間に造られていたのだ。むらの中心からの距離と副葬品の有無が一致していることがわかる。

写真10　最古の有力者の副葬品（福岡市雑餉隈遺跡　前9世紀）
〔原品 福岡市埋蔵文化財センター蔵〕

有力者の墓が見つかった福岡市博多区雑餉隈《ざっしょのくま》遺跡では、木棺墓に小壺、磨製石鏃、磨製石剣が副葬されていた（写真10）。同じ時期の朝鮮半島南部の有力者の墓にみられる副葬品の組み合わせと同じであることから、玄界灘沿岸地域の有力者にも石製武器と小壺を副葬するという朝鮮半島南部と同じ風習が広まっていたことがわかる。

このように水田稲作が始まってから一〇〇年ほど

写真11　最古の戦死者（糸島市新町遺跡　前9世紀）〔提供 伊都国歴史博物館〕

たった福岡平野では、有力者とその子供がすでに一般の人びととは区別されて葬られるようになっていることから、階層差や世襲制が存在し、身分が固定化していたことがわかる。

戦いの始まり

さらに前九世紀後半には戦いが始まっていたこともわかっている。戦いとは集団と集団の抗争を指すが、縄文時代にはなかった武器が出現するとともに、武器によって殺されたことがわかる人の墓が見つかっていることから、戦いが始まっていたことがわかるのだ。

糸島市新町《しんまち》遺跡では、長さ一六センチメートルもある柳の葉のような形をした石の矢じり（朝鮮式磨製石鏃）が左大腿骨に突き刺さった男性の遺体が支石墓に葬られていた。日本最古の戦死者である（写真11）。

戦いは、もともと朝鮮半島南部において、水田稲作を行う上で必要な水や土地をめぐる争いを政治的に解決するための手段として生み出されたものである。朝鮮半島南部の水田稲作民が、玄界灘沿岸地域に渡ってきた際、水田稲作のパッケージの中に含まれていたことは間違いない。

農耕社会の成立

以上のように水田稲作が始まってから一〇〇年ほどたった玄界灘沿岸地域には、環壕集落や有力者集団が出現し、副葬制の開始、世襲制の始まりと身分の固定化、武器や戦死傷者の出現から想定される戦いの始まりなど、社会に質的変化が起きていたことがわかる。これらの考古学的事実をもって、私たちは水田稲作の開始にともなって前九世紀後半には、農耕社会が成立していたと理解している。水田稲作が仮に縄文時代にさかのぼることはあっても、農耕社会の成立が縄文時代にさかのぼることはないのだ。

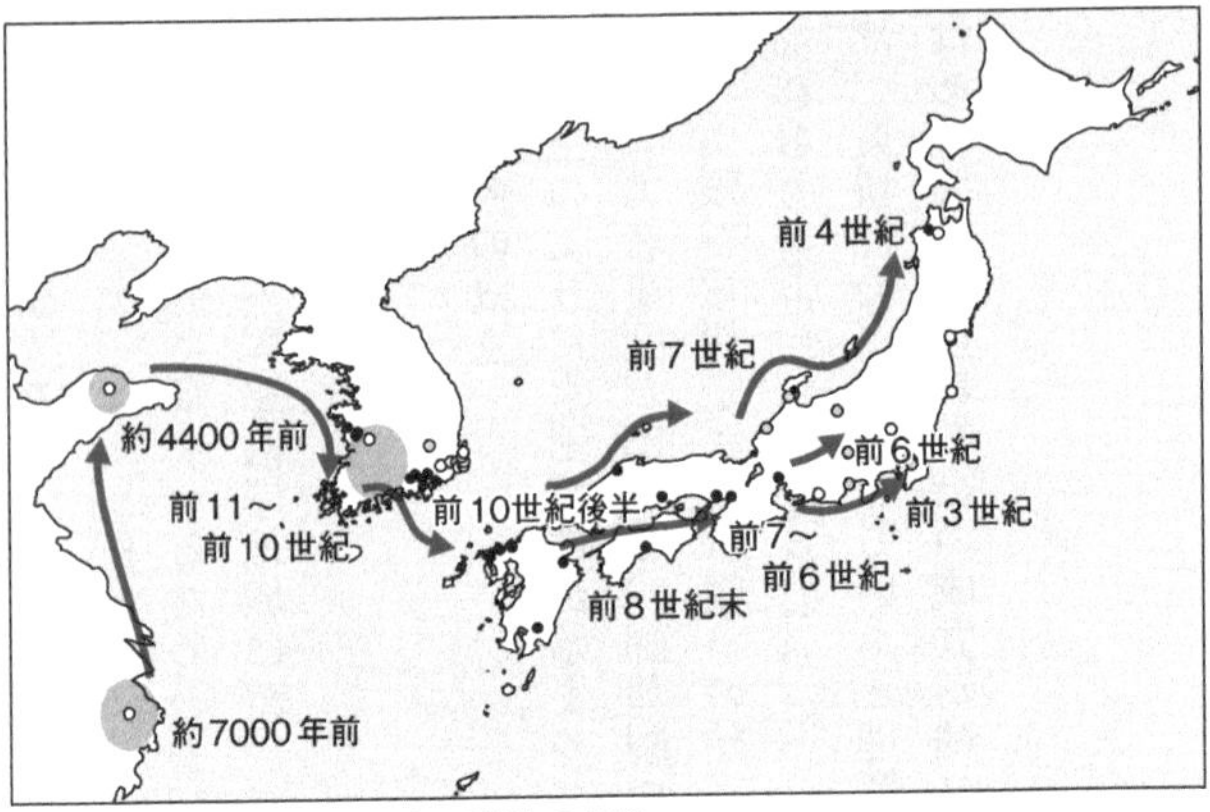

図7　東アジアにおける水田稲作の拡散

2　水田稲作の拡散

九州を出る

水田稲作は二五〇年あまりもの間、基本的に玄界灘沿岸地域にとどまり、この地域から外へはなかなか広がらなかった。

図7は、東アジアにおける水田稲作の拡散ルートとその年代を示したものである。およそ七〇〇〇年前に中国長江下流域で始まった水田稲作が日本列島に伝わるルートについては、東シナ海を渡る直接渡来説や、沖縄から島伝いに北上してくる南西諸島ルートがあるが、考古学者の意見は朝鮮半島南部経由説でほぼ統一されている。ただ、中国山東半島から朝鮮半島南部へといたるまでに、

コラム　稲作の拡散はゆっくりだった

これまで水田稲作は九州北部から西日本各地に、瞬く間に広がったと考えられていた。こうした考え方は意外と古く、戦前から存在したが、その理由は二つある。第一は九州北部で見つかる弥生前期の土器も、近畿や東海で見つかる弥生前期の土器もきわめてよく似ていることから、広がるのにそれほど時間はかからなかったであろうと考えられたこと。第二は、常に食料不足に悩まされていた縄文人は、神の手に導かれるように水田稲作に飛びついたと考えられたことである。

実際、当時の年代観では九州北部から近畿までは土器一型式の存続幅に相当する約30〜50年で水田稲作が広がったと考えられたので、「一気に」とか、「瞬く間に」という形容詞つきで認識されていたのである。

また東日本の縄文人に比べると食うや食わずの生活を送っていた西日本の縄文人は、水田稲作を始めることによって豊かな生活を送ることができるようになったのである、という当時の進化論的な考えが、急速な農業の受け入れと拡散という考えに結びついたのだろう。

逆に西日本に比べると豊かな採集狩猟生活を送っていた東日本の縄文人は、農業を受け入れる必要がなかったという考えと結びつき、東日本に水田稲作が遅れて伝わる理由と考えられた。

しかし炭素14年代にもとづく新しい年代観（以下、弥生長期編年と呼ぶ）のもとでは、こうした考え方は成り立たなくなる。九州北部から近畿に広がるまで約350年、関東南部にいたっては約650年かかったことになるからだ。

遼東半島《りょうとう》を経由したのか、黄海を直接渡ったのかについては議論が続いている。

前一〇世紀後半に玄界灘沿岸地域で始まった水田稲作は、前八世紀の終わりごろ、ついに玄界灘沿岸地域を出て九州東部・中部でも本格的に始まる。また香川以西の瀬戸内沿岸でも木製農具や朝鮮半島系の貯蔵用の壺など、水田稲作を行う上での要素が断片的に見られるようになる。

山陰側は前七世紀前葉に鳥取平野まで到達し、四国側は前六世紀に徳島市まで到達する。近畿では前七世紀（I期古段階：九州北部の板付IIa式併行）に神戸市付近、前六世紀（I期中段階：板付IIb式併行）には奈良盆地で始まり、伊勢湾沿岸地域にも前六世紀中ごろまでには到達する。

伊勢湾沿岸地域から先は、近畿の日本海側を経由して一気に東北北部まで北上。前四世紀前葉（I期新段階：板付IIc式併行）には青森県弘前市に到達。前四世紀代には仙台平野、福島県いわき地域でも水田稲作が始まる。

一方、伊勢湾沿岸から太平洋側へのルートは、前三世紀になってから中部高地、関東南部に到達する。

それでは水田稲作の拡散期、前七〜前六世紀の大阪湾沿岸、鳥取平野、徳島平野で何が起きていたのか、見ていこう。

3　在来民と外来民――大阪平野における水田稲作の開始

四国からの流入

前八世紀の縄文晩期最終末の土器（長原《ながはら》式古段階）を使っていた大阪平野の在来民は、季節ごとの短期間で居住地を変える移動生活を送っていた〔若林二〇〇二〕。

前七世紀（I期前葉：長原式新段階、遠賀川《おんがかわ》系土器古段階）に、古河内潟《こかわちがた》の三角州堆積領域で水田稲作が始まる（図8）。当時の大阪平野には上町《うえまち》台地を潟の入り口とする内湾が広がっていた。難波宮《なにわのみや》の時期に広がっていた河内潟に対してこの内湾を古河内潟と呼んでいるが、水田はそのまわりに沿って拓かれている。

水田稲作民は、讃岐《さぬき》などの中部瀬戸内からやってきた。それは前七世紀に限って香川県金山《かなやま》産の安山岩《あんざんがん》が打製石器の石材として用いられていることからわかる。河内には縄文時代以来、二上山《にじょうさん》という良質な安山岩を出す産地があるのだが、この時期に限って讃岐から石材が持ち込まれていることから、讃岐が水田稲作民の故地と考えられるようになった。

この段階の水田は一区画の規模が数平方メートルの小区画水田で、距離をおいて点々と

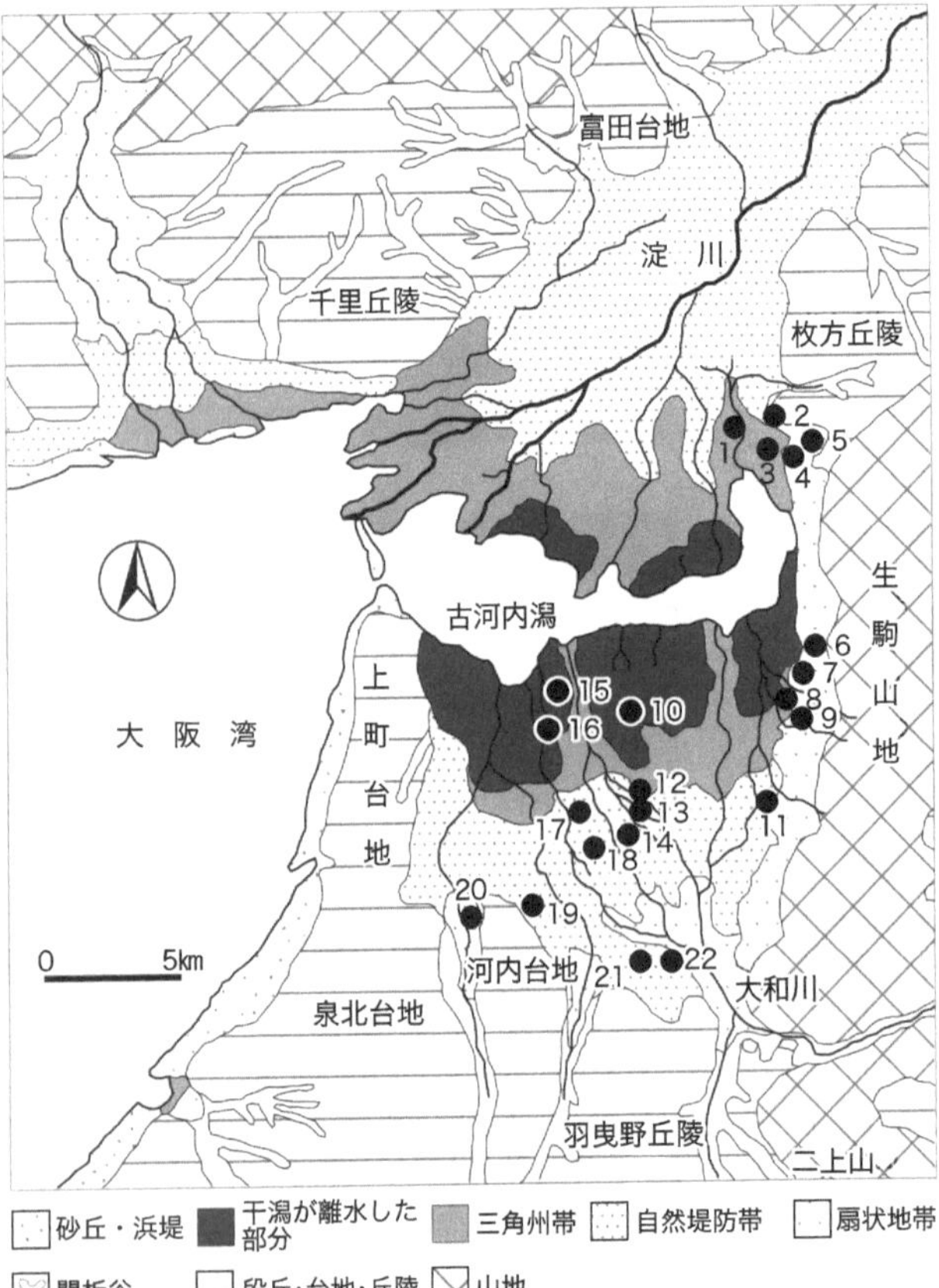

1．長保寺遺跡　2．高宮八丁遺跡　3．讃良郡条里遺跡　4．砂遺跡
5．更良岡山遺跡　6．日下遺跡　7．植附遺跡　8．鬼虎川（水走）遺跡
9．鬼塚遺跡　10．新家遺跡　11．池島・福万寺遺跡　12．若江北遺跡
13．山賀遺跡　14．美園遺跡　15．高井田遺跡　16．宮ノ下遺跡
17．弓削ノ庄遺跡　18．久宝寺遺跡　19．長原遺跡　20．池内遺跡
21．田井中遺跡　22．志紀遺跡

図8　前7～前4世紀の大阪平野の遺跡分布（〔井上2007〕より）

造られていた。福岡平野に見られるような灌漑施設を備えた水田はまだ存在しない。矢板や杭で補強された畦はなく、ただ土を手で盛って突き固めただけの簡易な畦で区画された水田でコメが作られていた。わずかな人数で小さな面積の水田でコメを作る遊動的な生活を送っていたのではないかという説もある。好条件の可耕地を求めて居住域や生産域の範囲を遊動していたのかもしれない。

大陸系磨製石器はまだ少なく、金山産の安山岩製刃器類が主な道具である。

しかし水田稲作民は在来民と積極的に交流していたようだ。在来民が使っていた土器が、遠賀川系土器の影響を受けて弥生化したり、遠賀川系甕の口縁部の形態をまねて外反させたりした土器などが出土しているからである（若江北遺跡や水走《みずはい》遺跡）。

写真12　底部に焦げて残ったキビ粒（滋賀県竜ヶ崎A遺跡　前6世紀）〔提供 松谷暁子氏〕

一方、在来民の暮らしについてはよくわかっていない。琵琶湖に面した滋賀県竜ヶ崎A遺跡で見つかった縄文晩期系の甕の内面には焦げたキビが見つかっていることから、在来民がキビなどを食していたことは確実である（写真12）。ただ在来民がキビを作っていたのかどうかは、近畿ではまだ畑の址も見つかっていないし、石器も縄文後期以来ほとんど変化していないため確実に農具といえるものもなく確証に乏しい。

在来民と水田稲作民の併存期間

大阪平野では一九九〇年代から在来民が使う縄文晩期系の突帯文土器と水田稲作民が使う遠賀川系土器を用いて、水田稲作開始期の諸問題が議論されていた（図9）。

この二つの土器は見た目がまったく異なるため、誰が見ても区別することが出来る。ただ困ったことに二つの土器はほとんど一緒に見つかることがないため、在来民と水田稲作民が同じ時期に存在していたのか、それとも在来民が水田稲作民に転換してから遠賀川系土器を使うようになるために時期差を持つのかをめぐって長い間議論が行われてきた。

考古学的に決着がつかなかった二つの土器群の関係がわかったのは、付着する炭化物の炭素14年代を測定した結果である。二つの土器群の一部（長原式新と遠賀川系古・中）は一〇〇～一五〇年にわたって共存していたことが明らかになったのだ〔小林ほか二〇〇八〕。

その結果、当初、河川の中・上流域に在来民が暮らしていた河内平野に、前七世紀ごろになって下流域の古河内潟沿いに遠賀川系土器を使う水田稲作民が現れて水田稲作を行

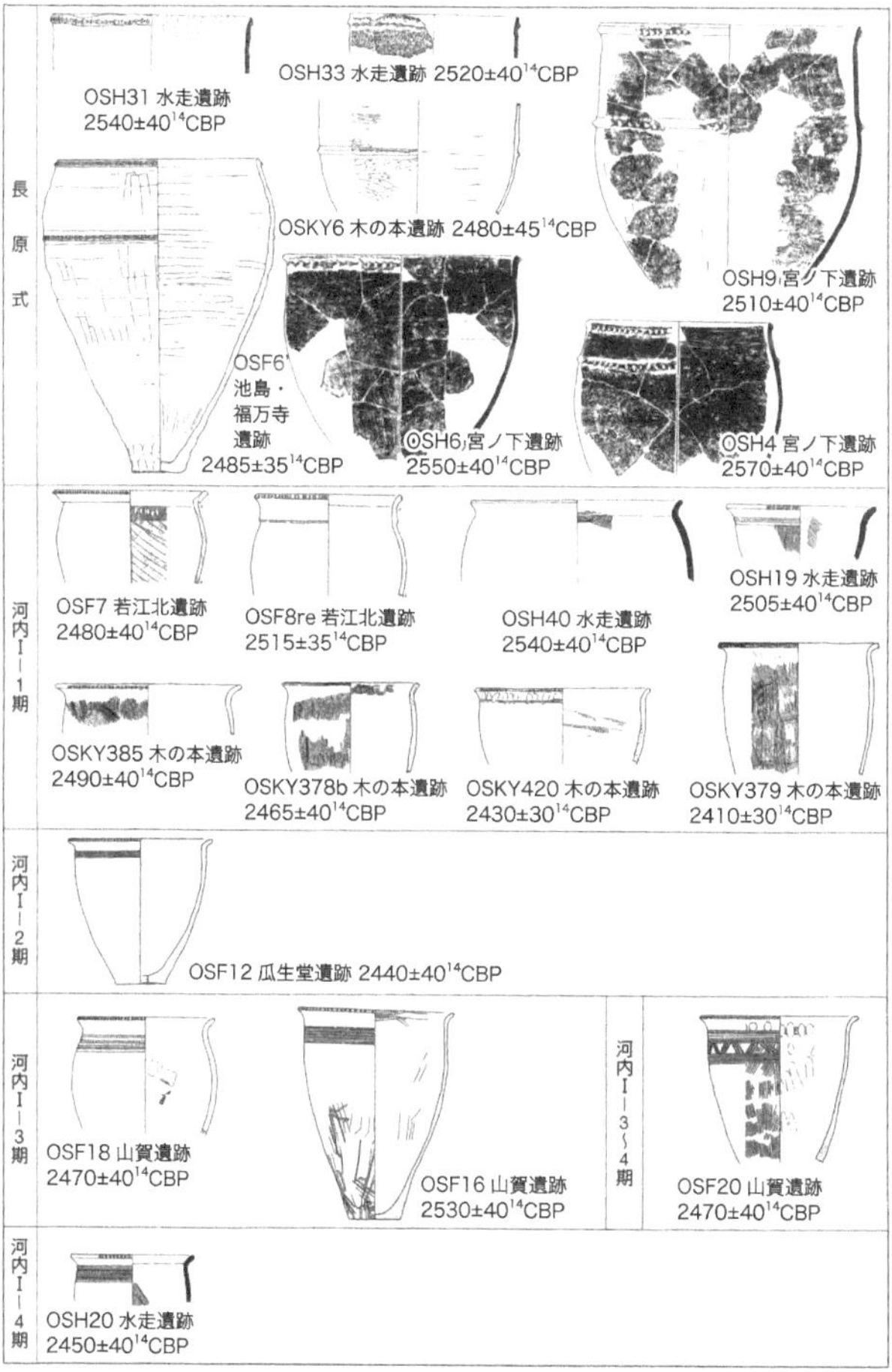

図9　前7〜前4世紀の大阪平野の土器（〔小林ほか2008〕より転載）

い、一〇〇～一五〇年にわたって併存していたこともわかった。九州北部早良平野の下流域に見られたのと同じ住み分け現象が確認されたのだ。

農耕社会の成立

在来民と水田稲作民が住み分けた一〇〇～一五〇年の間は、水田稲作が始まってから農耕社会に転換する前の準備段階に相当する。前六世紀（I期中段階）になると、住み分けは終わりを告げ、弥生中期から後期にかけて中核遺跡となっていく遺跡が出現する（山賀《やまが》遺跡や亀井《かめい》遺跡など）。在来民も季節ごとの遊動生活から定住して水田稲作を行うようになったことがわかる。

大規模な水路を備えた灌漑式水田が見つかっているし（山賀遺跡や志紀《しき》遺跡）、大陸系磨製石器も増えてくる。金山産安山岩製の刃器の比率も低下して、地元二上山の安山岩を使った石器の比率が上がってくる。

在来民の土器である長原式新段階の土器は姿を消す一方で、遠賀川系土器が定形化することから、在来民も水田稲作民に転換したと思われ、住み分けがみられなくなる。

以上のように、古河内潟沿岸地域ではキビやアワを栽培した可能性のある園耕民が水田稲作民と一五〇年あまりにわたって併存していた状況を想定したが、畑の址や農具の面で在来民の具体的な姿が見えているわけではない。在来民の具体的な姿が明らかな鳥取平野や畑の址が見つかっている徳島平野の状況をみてみることにしよう。

鳥取市本高弓ノ木遺跡

鳥取平野では前七世紀前葉に水田稲作と畑作を組み合わせた農耕を始めた水田稲作民の遺跡が見つかっている。鳥取市本高弓《もとだかゆみ》ノ木《き》遺跡である。水田や畑の址が見つかっているわけではないが、水田にともなう堰状の構造物を備えた水路やクワなど木製農具の未製品が存在することからみて、水田稲作が行われていたことは確実である。またイネ、キビ、アワのスタンプ痕をもつ土器が見つかっていることからも畑作の存在を想定できる。

出土した土器は、縄文晩期から続く在来の突帯文土器（古海《ふるみ》式）多数に、遠賀川系土器がともなうという組み合わせなので、在来民が水田稲作を受け入れたと考えられる。年代は土器に付着したススの炭素14年代を測定した結果、前七世紀前葉という時期が得られている〔藤尾ほか二〇一四〕。

この遺跡の遠賀川系土器は、鳥取平野で出土する遠賀川系土器の中では二番目に古いので、鳥取平野の水田稲作はもう数十年早く始まっていた可能性はある。いずれにしても鳥取平野の水田稲作は、近畿よりも数十年早く、西部瀬戸内や山陰西部とほぼ同時に始まっていた可能性が高い。

山陰や四国では、後述するスタンプ痕土器の調査が進んでいることから、水田稲作とならんで畑で作られた作物の証拠が数多く見つかっている。キビやアワが見つからず、コメのみの板付遺跡とは対照的なあり方を示すだけに、地域、もしくは遺跡によって水田と畑の組み合わせやその比率が異なっていた可能性がある。では実際に畑の址が見つかった徳島平野の例を見てみることにしよう。

徳島市庄・蔵本遺跡

吉野川の南岸に位置し眉山《びざん》の山麓に広がる扇状地上にある庄《しょう》・蔵本《くらもと》遺跡から、前六世紀の水田址、畑址、竪穴住居が見つかった。三者がセットで見つかるのはきわめて珍しい。しかもこの場所は縄文後期後葉から在来民の本拠地だったところなので、在来民が水田稲作や畑作を受け入れたとみられる。

遺跡は標高のもっとも高い微高地上に居住域と墓域があり、そこから低地に向かって下るにつれて畑、水田の順に広がる。

畑は標高一・七〜一・九メートルの緩やかな傾斜面に造られ、東西一七メートル、南北一一メートル、面積一八七平方メートルの、長方形をしている。洪水にともなう砂にパックされていたことから保存状態がよく、南北約三条、東西約一〇条（図10）の畝《うね》、給水路と水口、排水路が検出された〔中村編二〇一〇〕。

畑の近くで見つかった土坑からはアワが出土し、年代測定の結果、前六〇〇年代であることがわかっている（八六頁の写真14参照）。蔵本地区から出土したアワの量はイネよりも多いとのことなので、水田稲作に比べて畑作の割合が高かったのかもしれない。

もっとも低いところに拓かれた水田は、灌漑用の水路を掘削し、大小の畦畔によって細かく区画された小区画水田であった。

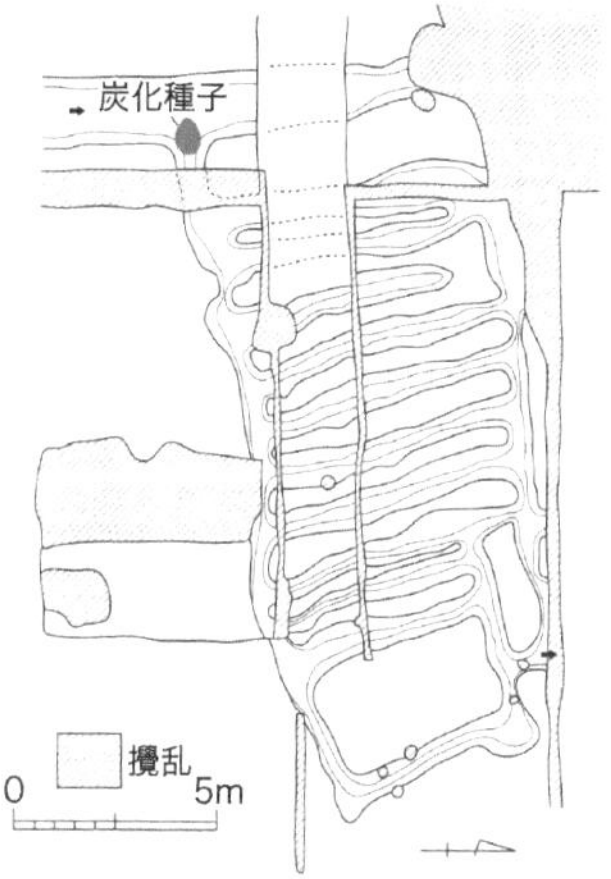

図10　前6世紀の畑の址（徳島市庄・蔵本遺跡）（〔中村編2010〕より転載）

庄・蔵本遺跡で明らかになった前六世紀の水田稲作と畑作を組み合わせた弥生農耕は、それ以前に行われていた畑作の経験の上に始まった可能性も指摘されている。

本遺跡から下流に六〇〇メートルほど下った三谷《みたに》遺跡から、前六世紀以前と考えられる突帯文土器の表面に、イネ、アワ、キビのスタンプ痕が見つかっているから〔中沢ほか二〇一二〕。もしこの地で作られて耕社会を成立させるだけの本格的なものではなかったことについて研究者間に異論はない。

玄界灘沿岸地域に環壕集落が成立する前9世紀後半になると、山陰の平野部でアワやキビの栽培が本格化すると考える研究者もいるが〔濵田・中沢2014〕、これも証拠は乏しい。

前8世紀になるとイネ・アワ・キビのスタンプ痕をもつ土器の分布が近畿・東海はもとより、中部・関東にまで一気に拡大する。また同時に一遺跡で見つかるスタンプ痕土器の数も急増し、出雲の森Ⅲ遺跡ではアワ15点、キビ2点、イネ1点が見つかっている〔濵田2013 b〕。一度に見つかる量がここまで増えてくると、畑作が行われていた可能性も一気に高まってくるので、前8世紀にこれまでとは異なる局面を迎えたことは確実である。前8世紀末になって水田稲作が一気に玄界灘沿岸地域以外へと広がり始めることと無関係ではないだろう。

玄界灘沿岸地域の縄文晩期末に依然として穀物が見つかっていない以上、日本の初期農業が畑作から始まったと断言できる証拠はまだない。前10世紀前半以前の九州北部でアワやキビのスタンプ痕土器が見つかるかどうかが重要である。

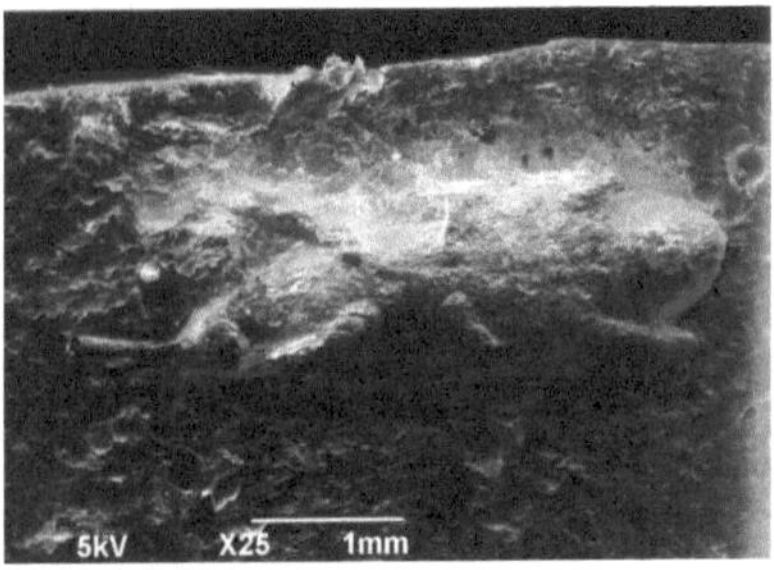

写真13　前7世紀のコクゾウムシのスタンプ痕の電子顕微鏡写真（本高弓ノ木遺跡）〔提供 濵田竜彦氏〕

コラム　レプリカ法

洪水にともなう砂にパックされて見つかることが多い水田址に比べて、水田より高いところに造られることが多い畑址が見つかる機会はそう多くない。そこで近年、注目を集めている研究が、土器を使って穀物などの存在を証明する方法である。

アワやキビはコメに比べると非常に小さいので発掘中に見つけることはきわめて難しい。土ごと採取し水洗して得ることもできるが、この場合は年代測定を行って時期を決める以外にない。

レプリカ法は、時期の確実な土器の表面に付いたスタンプ痕のもととなった植物や昆虫の同定を正確に行う方法として開発された〔丑野・田川1991〕。

まずスタンプ痕の可能性のある土器の表面にあいた穴に樹脂を流し込み、固まったら取り出す。次に樹脂の表面に写し取られて付いたスタンプ痕表面の模様やシワを電子顕微鏡で観察する。コメ・アワ・キビの表面には、特有の模様がついているので同定が可能になるのだ。

2014年1月現在、日本列島で存在が確実視されているもっとも古い穀物はコメである。島根県板屋Ⅲ遺跡で出土した前11世紀に比定される突帯文土器にコメのスタンプ痕（写真4）が付いていた。アワとキビはいずれも前9世紀に比定される土器のスタンプ痕がもっとも古く、アワは鳥取県青木遺跡〔濵田2013 a〕、キビは島根県三田谷《さんだだに》Ⅰ遺跡から出土したスタンプ痕土器である。

これは福岡市板付遺跡で水田稲作が始まる100年以上も前の中国山地にコメが存在していたことを意味する。

前10世紀以前の中国山地でコメが作られていたことを判断できるだけの証拠は少ないが、もし作っていたとしても農

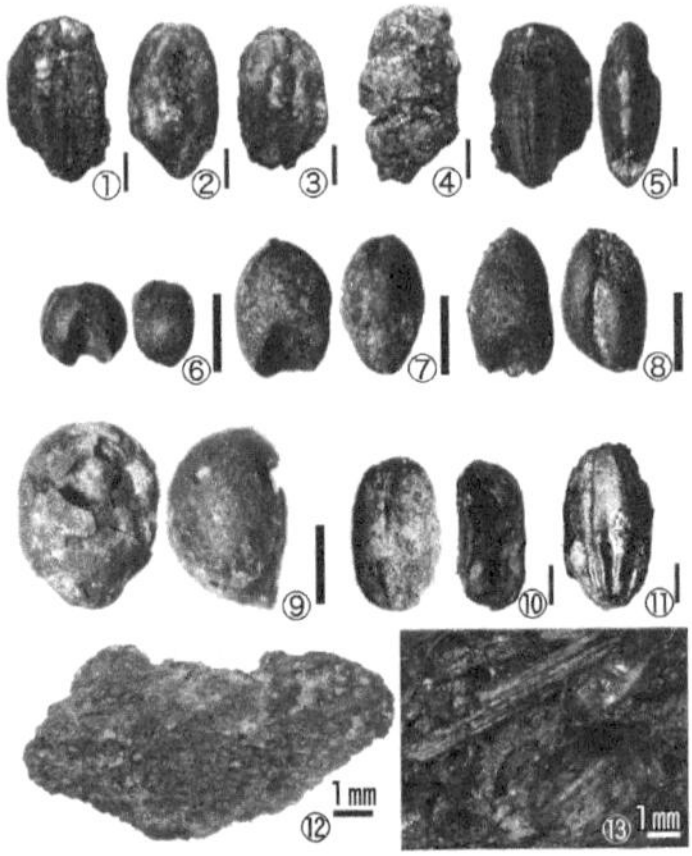

写真14　庄・蔵本遺跡で見つかった穀物の炭化物（前6世紀）〔提供 住田雅和氏〕
①〜⑤炭化米
⑥アワ炭化種子
⑦・⑧キビ炭化種子
⑨エゴマ類似炭化果実
⑩マメ科炭化種子
⑪塊より脱落した炭化米
⑫・⑬炭化米塊

いた穀物が土器の表面に付いたのだとすれば、先の可能性が成り立つ余地がある。前七世紀ならばすでに西部瀬戸内で本格的な水田稲作を行っているため、西部瀬戸内から徳島平野に穀物が持ち込まれた可能性もあるので、今後の研究を見守りたい。

水田稲作に特化した弥生農耕しか見えてこない福岡平野に対して、畑作を組み合わせた弥生農耕を特徴とする中・四国。この違いが意味するものは何か。それを知る手がかりを得るために、前八〜前六世紀にかけて水田稲作に先行して畑作を始める中部高地の状況をみてみよう。

4　畑作地帯の人びと

渓谷で暮らす農耕民

水田稲作が始まる数百年前からアワやキビを栽培していたと考えられている人びとがいる。長野県飯田市や松本市では、畑の址や明確な農具が見つかっているわけではないが、

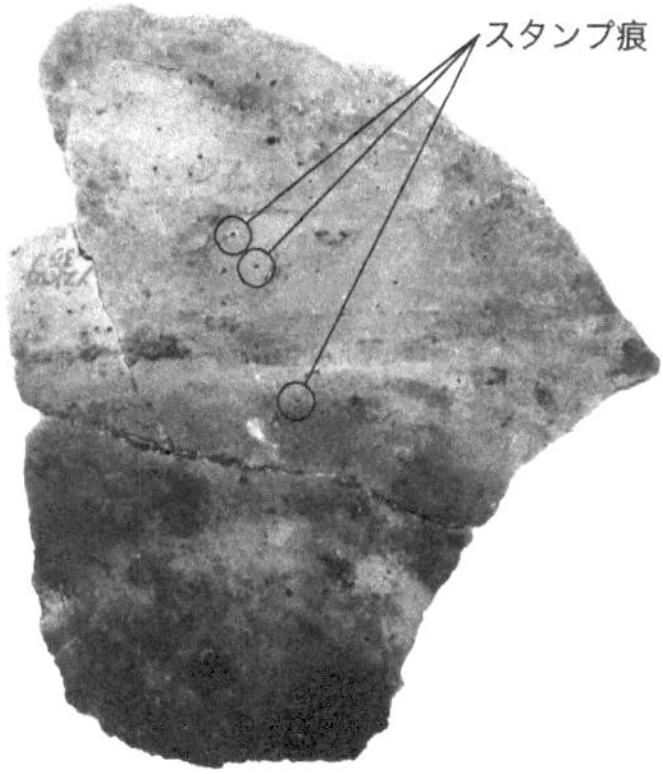

写真15　前8世紀のキビのスタンプ痕が付いた土器（長野県飯田市矢崎遺跡）〔撮影 藤尾〕

写真16　前9世紀のコメのスタンプ痕が付いた土器（長野県飯田市石行遺跡）〔撮影 藤尾〕

前八～前六世紀のアワやキビが付いたスタンプ痕土器の存在や、土偶や石棒などを使ったまつりの存在から、畑作が注目されてきた。

飯田市の遺跡は標高五〇〇メートルの天竜川に沿って両岸に重なる段丘上、とくに右岸に立地する〔西谷二〇一四〕。川との比高は数十メートルである。

穀物が飯田に存在していた確実な証拠は、前八世紀に比定される矢崎《やざき》遺跡の深鉢に付いていたキビのスタンプ痕土器がもっとも古い（写真15）。土器や石器の組み合わせを見る限り特に変化は起きていないが、前七世紀の氷I式以降には打製土掘具の量が急速に増加することと関連づけて、アワ・キビ農耕の開始を考える研究者もいる。

中部高地に穀物をもたらした可能性が高いのは東海地方である。東海地方では前九世紀後半に比定される段階（五《ご》貫森《かんもり》式〈新〉）にキビやアワのスタンプ痕が見つかっているので、前八世紀の中部高地に穀物がもたらされていたとしても何ら不思議はない。現に飯田市石行《いしぎょう》遺跡で見つかった前九世紀に比定される東海系の深鉢にはコメのスタンプ痕があった（写真16）。コメは東海で土器に付いたと考えられるため、前九世紀の飯田にコメがあった証拠にはならないが、前八世紀の中部高地でキビが作られていたのか、それとも持ち込まれたのか、もう少し状況を見守りたい。

縄文のまつりの道具がともなう

前六世紀になるとアワやキビを栽培していた可能性を示す間接的な証拠が見つかり始める。松本市石行《いしど》遺跡では、前六世紀に比定される土器にアワやキビのスタンプ痕が見つかっている（写真17）。ただこれだけでは作っていたのかどうかを判断できない。

ところがこの遺跡で出土したすべての土器に占める大形壺の比率は六～七％に高まっているのだ。種籾を貯蔵する容器である壺は、その比率が高ければ高いほど農耕に依存する暮らしをしていた証拠と考えられてきた。前一〇世紀後半の佐賀県菜畑遺跡の壺の比率もこれくらいだが、同じ時期の板付遺跡の場合、壺の比率は三〇％台後半の高比率を示す。

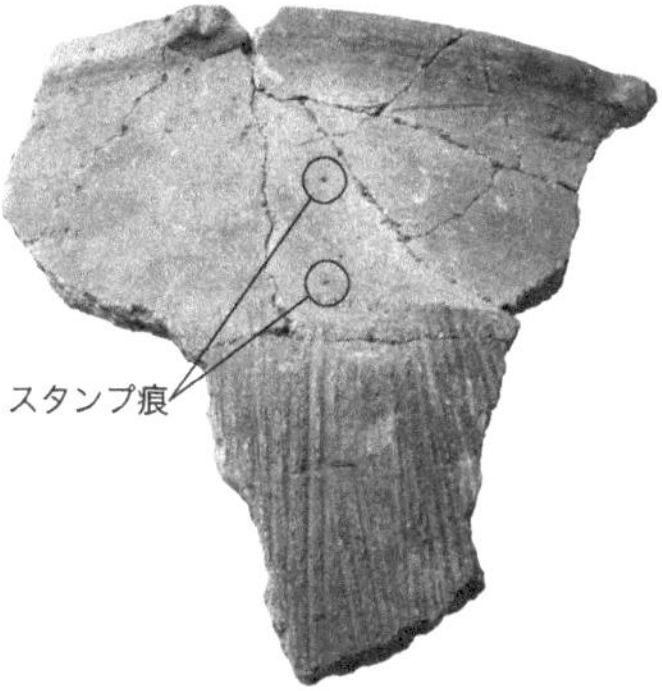

写真17　前6世紀のキビ痕が付いた土器（長野県松本市石行遺跡）〔撮影 藤尾〕

さらに石行遺跡では、九州北部の弥生文化に特徴的な磨製石剣の切先片も見つかっていることから、西の弥生文化とのつながりをもっている人びとのむらであったことがわかる。

このような弥生的なものをもつ反面、スタンプ痕土器には縄文系のまつりの道具がともなっていた。入れ墨を顔に表現した黥面《げいめん》土偶や、男性性器の形を

写真18　前6世紀の畑作農耕にともなうまつりの道具（長野県松本市石行遺跡）〔撮影 藤尾〕

模した呪術具である石棒《せきぼう》である。黥面土偶の中には骨を再葬する際に納める土偶の形をした容器（土偶形容器）に表現された顔と同じものがあった（写真18）。

縄文文化の要素も弥生文化の要素も併せ持ち、どちらも他を圧倒していない状態にある人びとが、アワやキビを栽培していたとしたら、それは九州北部の縄文後・晩期のところで説明したように園耕民と捉えるのがよいと考える。

縄文文化と弥生文化の要素が、どちらも優勢な状況ではなくボワッとしている転換期という意味で「タテのボカシ」と呼んだこともある〔藤尾二〇一一〕。この場合のタテは時間を表している。このあと前三世紀になると、人びとは段丘を降り、天竜川に沿った低地に水田を拓き、水田稲作の生活に入る。

再葬墓と園耕民との関係

中部高地の人びとの代表的な墓が再葬墓である。その名の通り、一度埋葬した遺体を数年後に掘り出して、骨だけになった遺骨の一部を再び埋葬する行為で、その起源は縄文後期までさかのぼる。その後も継承される墓制であることから、弥生再葬墓として縄文の再葬墓とは区別されている。

再葬墓はふだん離れればなれに暮らしている小規模な集団が共同で造営した墓であり、埋葬行為やその際に行うまつりを通じて相互のつながりを再確認する場でもある〔石川二〇〇〇〕。

人びとが水田稲作を行うためには、小規模な集団が結束し、労働力を集約して共同で対処する必要がある。しかしアワやキビの栽培なら、小規模な集団に分かれたままでも行うことが出来る。水田稲作を始める前にアワやキビの栽培が想定されるのはこうした理由がある〔設楽二〇一四〕。労働単位の再編成や祖先祭祀の単位を変えることなく対処できるのがアワやキビを対象とした園耕だからである。ちょうどこのころは前六世紀の温暖期にあたるので、必ずしも変革が求められる時代ではなかったのだろう。

しかし前四世紀に襲ってきた弥生時代最大の寒冷期は、変革しないまま存続することを人びとに許すことはなかった。労働組織や祖先祭祀の単位を再編成して臨まないかぎり、集約性の高い水田稲作を導入することは難しかったのだ。

【参考文献】

石川日出志「東北日本の人びとの暮らし」（『倭人をとりまく世界』六八～八六頁、山川出版社、二〇〇〇）
丑野毅・田川裕美「レプリカ法による土器圧痕の観察」（『考古学と自然科学』二四、一三～三五頁、一九九一）
小林謙一・春成秀爾・秋山浩三「河内地域における弥生前期の炭素一四年代測定研究」（『国立歴史民俗博物館研究報告』第一三九集、一七～五一頁、二〇〇八）
設楽博己『縄文社会と弥生社会』日本歴史 私の最新講義10、一八〇頁、敬文舎、二〇一四
田崎博之「福岡地方における弥生時代の土地環境の利用と開発」（『福岡平野の古環境と遺跡立地』一一三～一三七頁、九州大学出版会、一九九八）
中沢道彦・中村豊・遠部慎「徳島県三谷遺跡における縄文晩期末の雑穀」（『雑穀研究』No.二七、二〇一二）
中村豊編『国立大学法人徳島大学埋蔵文化財調査室年報2』二〇一〇
西谷大「コラム　都城市横市川流域と伊那谷の水田立地」（『弥生ってなに?!』平成二六年度企画展図録、一〇二～一〇五頁、国立歴史民俗博物館、二〇一四）
濵田竜彦「突帯文土器前半期のアワスタンプ痕——鳥取県青木遺跡におけるレプリカ法調査」（『みずほ』別冊・弥生研究の群像、三七七～三八八頁、二〇一三a）
濵田竜彦「山陰地方の突帯文土器と種実圧痕」（『レプリカ法の開発は何を明らかにしたのか——日本列島に

における農耕の伝播と受容の研究への実践』明治大学日本先史文化研究所、二〇一三b）
濵田竜彦・中沢道彦「西日本――突帯文土器文化圏――における栽培植物の出現」（『日韓における穀物農耕の起源』山梨県立博物館調査・研究報告九、三一八～三三三頁、二〇一四）
藤尾慎一郎『新　弥生時代』歴史文化ライブラリー三二九、吉川弘文館、二〇一一
藤尾慎一郎・濵田竜彦・坂本稔「鳥取平野における水田稲作開始期の年代学的調査」（『国立歴史民俗博物館研究報告』第一八五集、四八九～五一〇頁、二〇一四）
若林邦彦「河内湖周辺における初期弥生集落の変遷モデル」（『環瀬戸内海の考古学』上、二二五～二三九頁、二〇〇二）

第三章　弥生前期末～中期前半

（前四世紀～前三世紀）——金属器の登場

1　水田稲作の拡大――東北北部へ（砂沢遺跡）

分岐点

前四世紀の本州・四国・九州で起こった大きな出来事は、本州最北端の青森でも水田稲作が始まったこと、鉄や青銅という金属器が登場すること、鏡や武器などの青銅製品を副葬品にもつ特別な人びとが九州北部に現れることである。また北海道では続縄文文化が、奄美・沖縄では貝塚後期文化が成立し、水田稲作を採用せず地域の特産品との交易で必要なものを手に入れる人びとが現れたことである。すなわち前四世紀とは、縄文時代以来、同じ方向を向いて歩んできた日本列島の人びとが、進路を異にして歩み始めた日本歴史上の分岐点として位置づけることができる。

前四〇〇年頃に北陸まで広がっていた水田稲作は、前四世紀前葉になると、北に数百キロメートル離れた青森県津軽地域で始まる。土器に見られる共通性から丹後半島など近畿北部あたりから海路を直接、伝わった可能性がある。この間、富山や新潟には水田稲作の確実な証拠は見つかっていない。

東北北部では古代になるまで水田稲作が始まらないと長い間考えられていたが、一九八一年に青森県田舎館《いなかだて》村垂柳《たれやなぎ》遺跡で前三世紀の水田址が見つかったことで、紀元前に水田稲作が行われていたことが明らかになっていた。そして一九八七年の弘前市砂沢《すなざわ》遺跡の発見

写真19　砂沢遺跡で見つかった水田の址（前４世紀）
〔提供　弘前市教育委員会〕

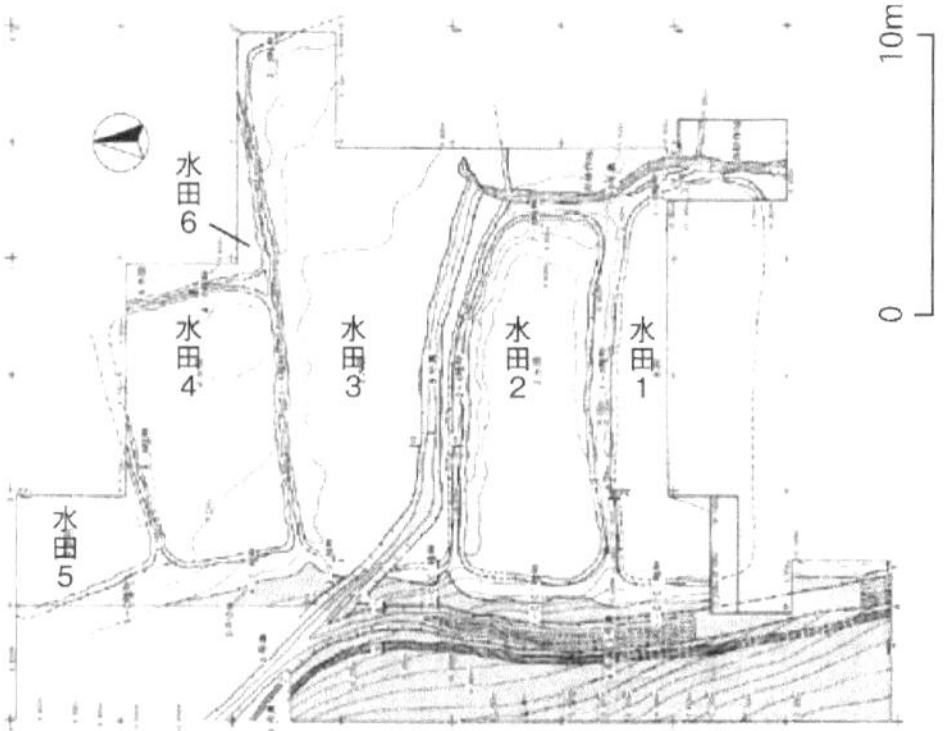

図11　砂沢遺跡で見つかった水田の址（前４世紀）
（〔藤田ほか1991〕より作成）

は、前四世紀（前期末）に東北で水田稲作が始まっていたことを示すだけに、人びとに大きな衝撃をもって受け入れられた。

青森県弘前市砂沢遺跡

砂沢遺跡は、世界でもっとも北の地で見つかった先史時代の水田遺跡である。一九八七年に見つかった前四世紀前葉の水田は、津軽富士として有名な岩木山《いわきさん》の北麓から北東方向に広がる扇状地に拓かれていた（九七頁の写真19参照）。現在は近世に造られた溜池に水没している。

見つかった水田址は一区画あたりの面積が大きな大区画水田で、全部で六区画見つかった（図11）。勾配が一％以上あるので水平に保つのが難しいにもかかわらず大区画水田を造ることができたのは、地形の傾斜や水回りに合わせて土地を水平に保てる高度な土木技術を持っていたからであろう。プラントオパール分析の結果、砂沢では一〇年ちょっとの間、コメが作られていたことがわかっている。

水田稲作に必要な道具である木製農具や、木製品を作る大陸系磨製石器は一点も出土していない。使っている工具は縄文後・晩期以来の剝片《はくへん》石器や磨製石器である。土器も縄文後・晩期以来の深鉢や鉢などに、種籾貯蔵用や煮炊きを行う甕などのわずかな弥生系土器

写真20　砂沢遺跡で見つかった縄文系のまつりの道具（前4世紀）〔撮影 国立歴史民俗博物館 弘前市教育委員会蔵〕

を組み合わせたものである。

注目すべきは縄文後・晩期以来の土偶や土《ど》版《ばん》、独鈷《どっこ》石《いし》などのまつりの道具である（写真20）。前章で中部高地で行われていた畑作に縄文以来のまつりの道具がともなう例を紹介したが、水田稲作にともなう例は青森だけである。

砂沢の人びとは高度な土木技術で造られた水田や種籾貯蔵用の壺など、もともと縄文文化にはなかった要素は導入したが、農耕具や加工具、まつりの道具に至るまで、代用がきくものはすべて縄文以来の道具を使っていた。

水田稲作を行う上で自分たちの伝統にはない必要最低限のものだけを受け入れ、それ以外はもともとあるもので間に合わせている点に、青森の人びとの主体性の強さをみることができる〔宇野一九九六〕。

こうした特徴を見せる理由の一つに水田が造られた場所がある。これまで見てきた福岡平野や河内、これから述べる関東南部や仙台に見られるもっとも古い水田は、それまで在来民が生活の本拠としていなかった平野の中央部に拓かれていた。

ところが鳥取の本高弓ノ木遺跡や徳島の庄・蔵本遺跡などの水田は、縄文後・晩期以来の在来民が脈々とむらを造り続けてきたところに拓かれていた。

砂沢遺跡の水田もまさに後・晩期以来のむらが造り続けられてきた丘陵の先端と平野が交わる地点に拓かれているのだ。砂沢遺跡も本高弓ノ木遺跡や庄・蔵本遺跡と同様、在来民が本拠地で水田稲作を始めた遺跡なのである。

ただ東北北部の水田稲作の特徴として、代用できる道具はなるべく使い慣れた道具を用い、どうしてもできない場合に限って新しい道具（壺）を採用するという姿勢が、きわめて強い点をあげることが出来よう。

とくに縄文のまつりの道具を使い続ける点に砂沢遺跡の水田稲作を理解する鍵がある。中部高地のところで述べたように、畑作であれば労働組織の再編成や祖先のまつりを行う単位を変更しなくても取り組むことができるが、労働集約性の高い水田稲作に取り組むには労働組織の再編成が必要となる。さらに縄文の祖先のまつりと水田稲作が両立しているのは、西日本の弥生稲作とは異なる特質を青森の水田稲作が持っているからに他ならない。

　砂沢遺跡や第四章で述べる垂柳遺跡のように縄文的な労働組織やまつりと、水田稲作が両立するためには、生業全体の中で水田稲作が特化する前の段階、すなわち園耕段階である必要がある。畑作ならともかく水田稲作の場合にこうした理解が成り立つのかどうかは、もう少し検討が必要である。ただ仙台平野の場合でも採集・狩猟活動を行う生産域の一部に水田域が加えられたという指摘もあるので〔斎野二〇一二〕、青森の水田稲作が園耕段階にあったと考えるのもあながち的外れではないと思う。

2　水田稲作を採用しなかった人びと——続縄文文化と貝塚後期文化

続縄文文化

　前四世紀前葉に青森まで達した水田稲作が津軽海峡を渡ることはなかった。同様に九州南部、鹿児島まで達した水田稲作も種子島・屋久島へと渡ることはなかった。以前は水田稲作には不向きな北海道の気候などを根拠にして、コメを作りたかったけれども作ることができなかった。だから広まらなかったと説明されてきた。しかし現在はコメを作る必要がなかったので広まらなかったと考えられるようになっている。

続縄文文化は、本州~九州において縄文文化のあとに弥生文化が成立したように、北海道において縄文文化のあとに成立した新しい文化として設定された〔山内一九三三〕。続縄文文化の人びとは、縄文時代に比べると漁撈活動により重点を置いた生活を送っていた。地の利を活かして漁撈活動に専念する方が、稲の生育に厳しい環境の北海道で稲作を行うよりも、はるかに必要なものを効果的に入手することができたのだ〔石川二〇一〇〕。

特定の生業に傾斜する点だけをとれば、水田稲作に特化していた西日本と似ているところもある。そのせいか続縄文文化には、同じ時期の東日本や西日本の弥生文化にはみることのできない副葬品を持つ有力者の存在が確認されているので、階層分化が進んでいた可能性がある。

伊達市有珠《うす》モシリ遺跡には沖縄近海でしか獲れない南海産の貝で作った腕輪や貝製品を副葬された人びとがいた。噴火湾に面した貝塚から見つかった道具類は、カジキマグロやオヒョウなどの大型魚類、イルカ・クジラ・アザラシなどの海獣類を捕獲するために発達したものである（写真21）。

高度に発達した離頭銛《りとうもり》や組み合わせ式の釣針などの骨角器、大型の魚類を獲る疑似餌《ぎじえ》として使われた魚形石器などは道南を中心に分布する特徴的な漁具である。

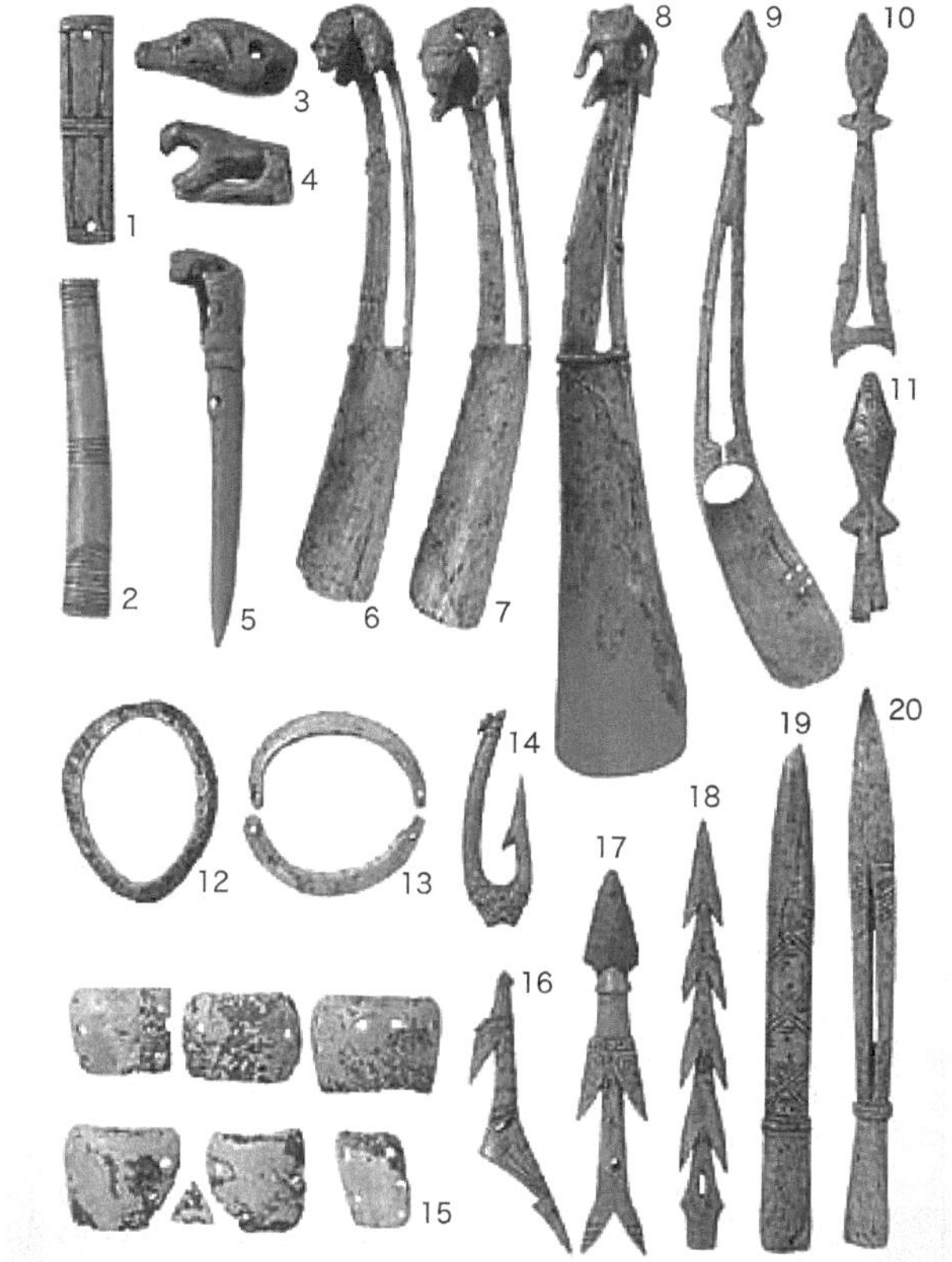

写真21　続縄文文化前期の骨・貝製品（北海道有珠モシリ遺跡　前4世紀）〔原品 伊達市教育委員会蔵〕

1　クジラの骨の釣り糸巻き，2　鳥骨製針入れ，3〜5　クマ形鹿角製品，6〜8　クマ装飾付き鹿角製スプーン，9〜11　クジラ装飾付き鹿角製スプーン，12・13　貝輪，14　鹿角製釣針，15　イモ貝製貝輪，16　鹿角製離頭銛，17　石鏃がついた骨角製離頭銛，18　骨角製銛頭，19・20　骨角製槍

写真22　サケの加工場（復原）（北海道K135遺跡　3〜4世紀）〔歴博蔵〕

このように海洋漁撈に傾斜したことを示す高度に発達した道具類は、続縄文文化前期を特徴づけるものであり、とくに恵山《えさん》文化と呼ばれている。東北北部で水田稲作が行われなくなった前一世紀以降に北海道から南下した文化こそ、この恵山文化である。

続縄文前・中期の北海道には恵山文化のように海洋漁撈に傾斜した人びと以外にも、サケやマスなどの捕獲を対象とした内陸河川の漁撈に傾斜した人びともいた。札幌駅構内で見つかったK135遺跡は、古墳前期に併行する三〜四世紀の遺跡である。遡上《そじょう》してくるサケやマスを集中的に捕獲し、天日《てんぴ》干《ぼ》しや燻製《くんせい》にする加工場のあった遺跡

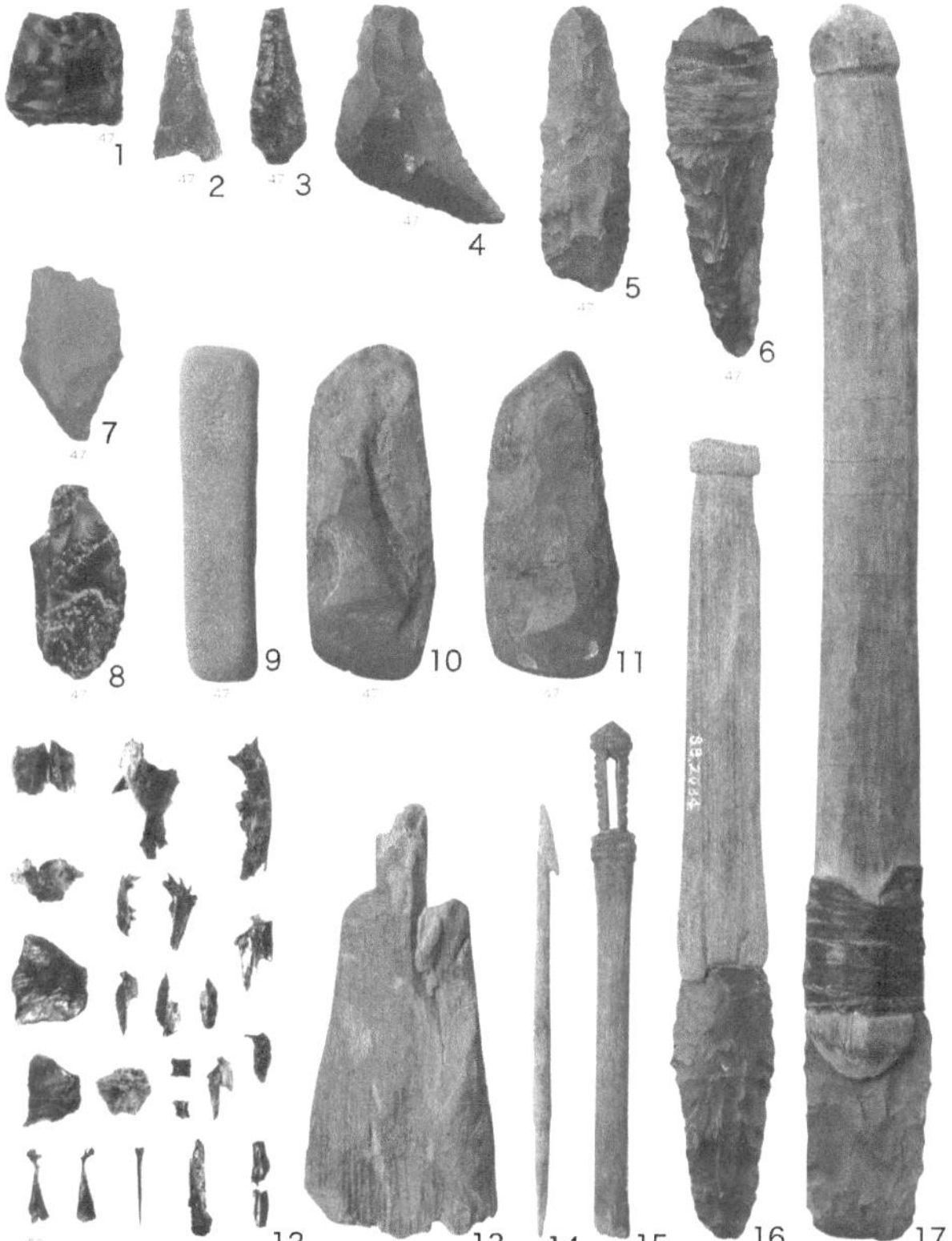

写真23　サケの捕獲や加工に使った道具（北海道江別太遺跡　前4～後1世紀）〔提供　江別市郷土資料館〕
1～11　石器，12　獣骨・魚骨，13～15　木製品，16・17　柄のついた石器

として知られている（写真22）。多数の小さなピットと焼土の址、そして焼けた大量のサケの骨が出土した。

サケの捕獲や加工に使った道具は江別市江別太《えべつぶと》遺跡で出土している（写真23）。K135遺跡も江別太遺跡も竪穴住居の址が見つかっていないことから、サケが遡上してくる夏から秋にかけての時期だけ、共同で捕獲と加工にあたった拠点的な生活の場であったようだ。

貝塚後期文化

前一〇世紀〜前五世紀に始まった文化で、奄美・沖縄諸島に広がる珊瑚礁という生態系に特化した文化である。珊瑚礁から得られる特殊な貝を元手に、朝鮮半島、九州、先島《さきしま》諸島などとの直接・間接の交流で必要な物資を手に入れていた。したがって海産物を交換財とした文化が、弥生文化の南と北に広がっていたことになる。

人びとは海浜の砂丘上かその裏側に一辺が三・五〜四・〇メートル程度の竪穴住居を建てて暮らしていた。貝塚前期文化の人びとが森の中で植物質食料中心の暮らしをしていたことに比べると、海への依存度が高まっている。

主な生産の場は珊瑚礁の内側に広がる波静かな内海で、狙うのは生息する魚貝類であ

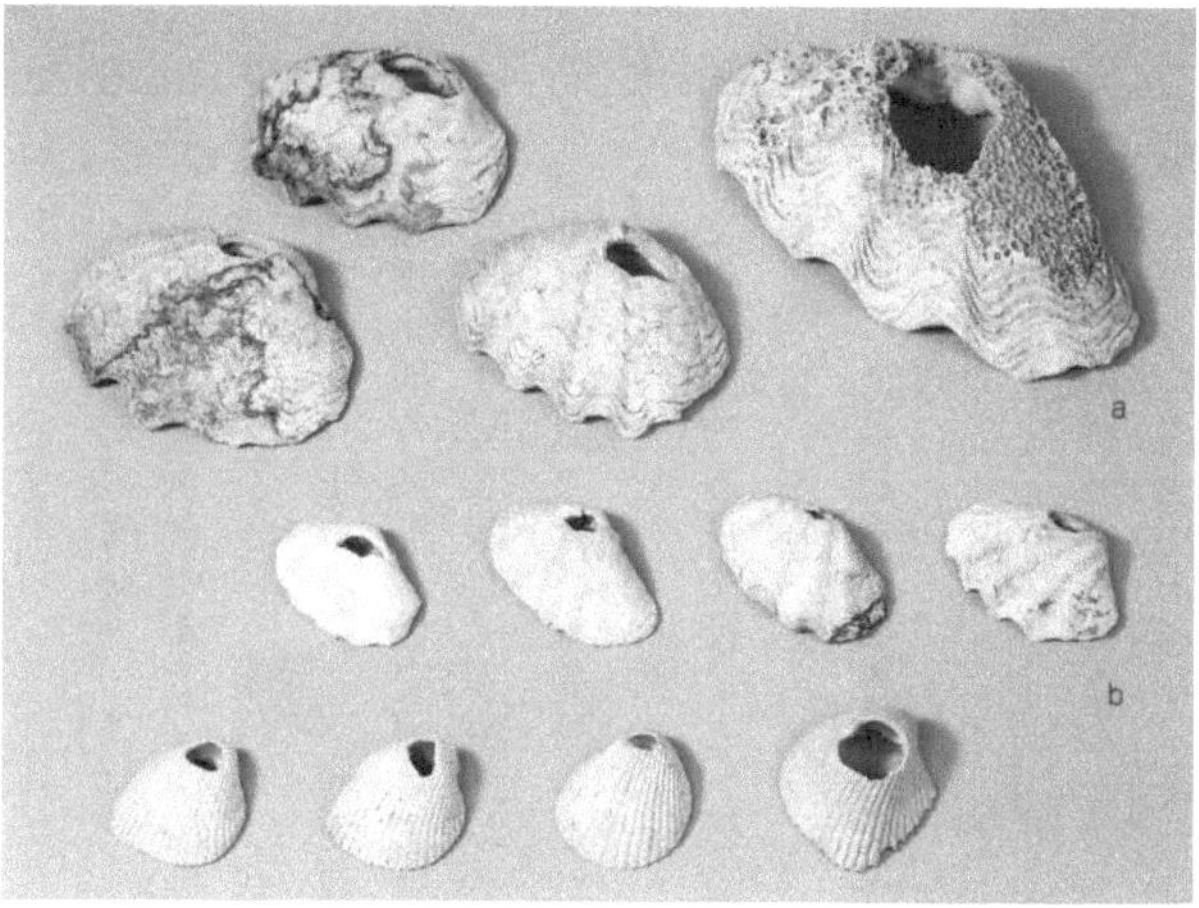

写真24　シャコ貝に孔を開けて網のおもりとしたもの（沖縄県安座間原遺跡　弥生時代併行）〔宜野湾市教育委員会蔵〕

る。「イノー」と呼ばれる浅海の堡礁には、岩礁をはいずるウニや貝類、遊泳する色とりどりのブダイ科、スズメダイ科、ベラ科の熱帯魚をはじめ、産卵にやってくるウミガメや、住み着いたジュゴンのような哺乳類も生息している。

遺跡からは食べられたと思われる貝がたくさん見つかっている。四〇センチメートルを超える大きなシャコ貝から、一センチメートル内外のアマ貝まであり、その種類は一三〇にも達するという。実にさまざまな貝を利用していたことがわかる。

貝は食料として利用されただけではなく、シャコ貝などの二枚貝は殻頂部に孔を開け、その孔に紐を結んでおもりとすれば、網でイノーにいる魚たちを一網打尽にできたことだろう（写真24）。

もちろん狩猟も行っていて、もっとも多く獲られていたのはニホンイノシシよりも小形のリュウキュウイノシシである。伊江島《いえじま》の具志原《ぐしばる》貝塚から見つかった七〇〇点あまりの骨の中には、ニホンイノシシの骨が二〇点ほど含まれていた。弥生土器も多く出土している上に、九州北部の弥生人が欲しがった貝輪の材料となるゴホウラのストックも見られることから、九州北部の弥生人と交流していたことは間違いない。

植物質食料には堅果《けんか》類と根茎《こんけい》類がある。後者の植物遺体はまだ見つかっていないが、叩き石や磨石、石皿などの、植物をすりつぶすための道具の比率が高いので、根茎類を利用していたことは間違いはないであろう。

続縄文文化と異なる点を捜すと、副葬の風習がないことである。墓は砂丘上にサンゴ石を並べてつくった石棺状のものがある。読谷村《よみたんそん》木綿原《もめんばる》遺跡の石棺墓に葬られていた男性は、額の上にシャコ貝を載せた状態で発見されている。なにかのおまじないであろう。

貝をめぐる交流

貝塚後期文化の特徴の中でなんと言っても忘れてはならないのが、南海産の大型巻貝をめぐる弥生人との交流が人びとの暮らしを支えていたことである。九州との交流の歴史は縄文時代までさかのぼる。

弥生時代になっても縄文後・晩期以来存在した、佐賀県腰岳《こしだけ》産黒曜石《こくようせき》の搬入ルートを使った交流が行われたようで、前九世紀の佐賀県宇木《うき》汲田《くんでん》貝塚からは沖縄産の貝で作った貝製臼玉《うすだま》が出土している。こうした西北九州の弥生人との間で始まった貝をめぐる交流は、やがて福岡平野や有明海沿岸地域の弥生人へと相手が替わってくる。

前四世紀前半になると貝輪用の大型巻貝とコメや鉄などの物資との交換を目的とした本格的な交流が始まる。貝塚後期文化の人びとは九州北部の弥生社会で高まった貝製品の需要に目をつけ、多くの貝を効率よく供給するための仕組みを整え、これを武器に必要な物資を手に入れるという戦略を生み出した〔新里二〇〇九〕。九州産の絹、コメ、アワ、キビ、鉄などの必需品や、鏡、青銅の矢じり、古銭、ガラスなど大陸起源の文物も含まれる。しかし、これらの貴重な品が墓に副葬されることがなかったことが続縄文文化と異なる点である。

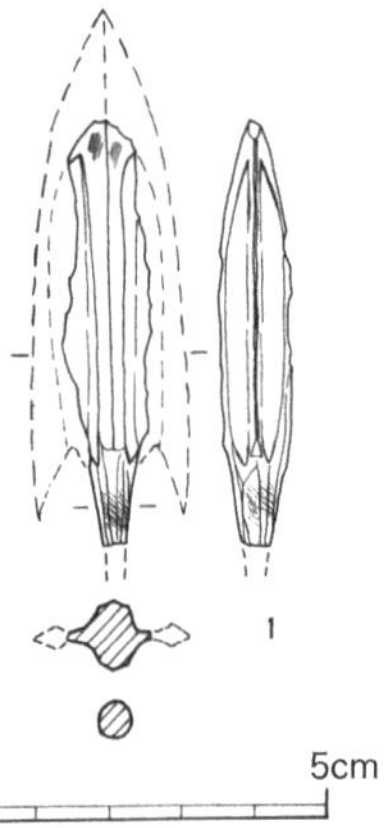

図12　最古の青銅器（福岡県今川遺跡　前8世紀）（〔酒井編1981〕より引用）

3　青銅器の出現と製作

青銅器の出現

世界史的に見ると西洋では利器（武器）として使われた青銅器だが、中国を中心とする東アジア世界では、祭器や礼器としてまつりに使われた点に特徴がある。弥生青銅器も基本的には祭器だが、その出現期には利器として使われていた。

弥生最古の青銅器は前八世紀末の九州北部に現れる。福岡県今川《いまがわ》遺跡で見つかった銅ノミ（図12）は、遼寧式銅剣の破片を再加工して刃を研ぎ出したものである。今のところ、どこで再加工されたものなのかはわからない。

今川以降は前四世紀になるまで青銅器の出土例はないが、まったく存在しなかったわけではなさそうである。福岡市比恵遺跡第二六次調査で見つかった木製の剣は、明らかに青銅の剣を模して作られたものである（図13）。どのような青銅剣を模しているのか専門家の意見は分かれているものの、弥生人が前八世紀以降も青銅製の剣を知っていたことは間違いないであろう。

青銅器時代の到来

前四世紀中ごろ（中期初頭）になると朝鮮半島製の鏡や青銅製武器が玄界灘沿岸地域の有力者の墓に副葬品として納められるようになる。

福岡市吉武高木《よしたけたかぎ》遺跡は、早良平野を北流する室見川の中流域にある後一世紀までつづく吉武遺跡群の一つで、一九八四年に三号木棺墓から、細形銅剣二、細形銅戈《どうか》一、細形銅矛《どうほこ》一、多鈕細文鏡《たちゅうさいもんきょう》一、ヒスイ製勾玉《まがたま》一、碧玉《へきぎょく》製管玉《くだたま》多数が見つかった（写真25）〔常松二〇〇六〕。三種の神器として知られる鏡・剣・玉がセットで見つかったもっとも古い例なので、最古の王墓と呼ばれることも多い。

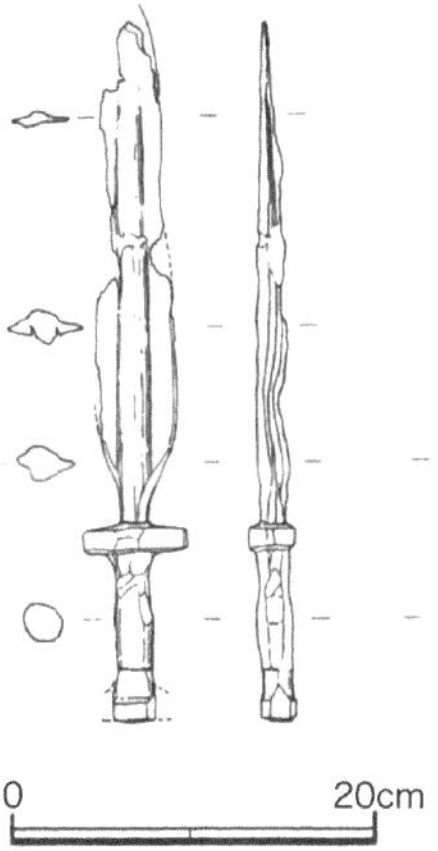

図13　銅剣を模した木剣（福岡市比恵遺跡　前6世紀）（〔吉留編1991〕より引用）

副葬されていた青銅製武器類は、武器として使われた形跡がないことから、当初から宝器として扱われていたようだ。朝鮮半島製なので、被葬者は朝鮮半島南部と深いつながりを持った人物だったのだろう。

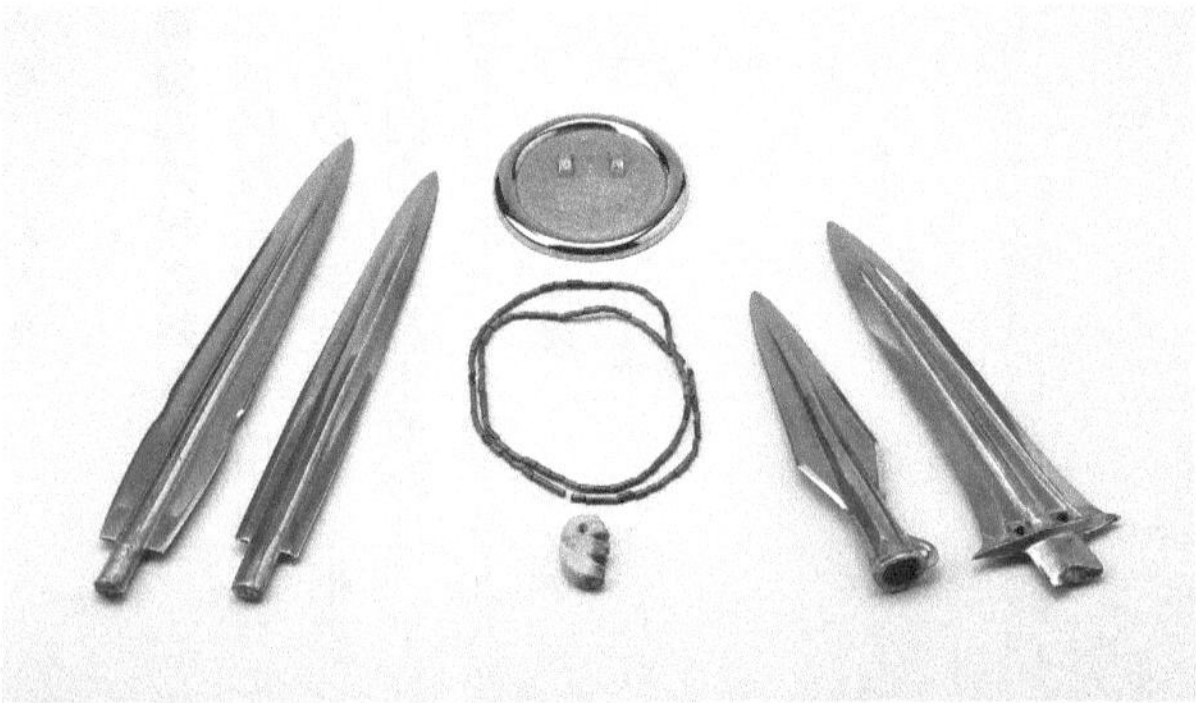

写真25　鏡・剣・玉のセット（福岡市吉武高木遺跡3号木棺　前4世紀）〔原品 福岡市埋蔵文化財センター蔵〕

国産青銅器の出現？

三号木棺で見つかった武器形の青銅器はすべて朝鮮半島製だったが、九州北部で見つかった前四世紀中ごろの武器形の青銅器のなかには、すでに朝鮮半島にはないか、もしくはあってもきわめて少ない形態のものがある。日本向けに特別に作られたという研究者もいるが、日本で作られたとみる研究者も多い。

日本列島で出土した初期の武器形青銅器のなかには、寸法的に朝鮮半島南部製の規格に収まる「細形」と、それより大きい「中細形」がある。また細形のなかにも形の上で朝鮮半島南部製品との区別が難しいものと、朝鮮半島南部には存在しないものがあるという〔岩永二〇一三〕。

もしそれらが日本で作られたとするならば、弥生社会は朝鮮半島南部から青銅器がもたらされるやいなや模倣を始め（国産の開始）、弥生文化独自の形をした青銅器の模索を始めたことになる。中細形と呼ばれる武器形祭器の成立である。

青銅器工房

国産青銅器を作った工房の一つが熊本市内で見つかっている。八《はち》ノ坪《つぼ》遺跡からは、鋳型七、送風管一、銅片二、鋳造残滓（銅滓《どうさい》）数点、炉壁の可能性のある焼土など、青銅器の鋳造に用いた道具類が出土した（写真26）。送風管はL字状で奈良県唐古《からこ》・鍵《かぎ》遺跡や大阪府東奈良遺跡で見つかっているものと同じである。工房址自体は見つかっていないが、焼土の配置状況から付近に工房が存在していたことは間違いない。

八ノ坪遺跡で作られた青銅器は、鋳型から判断して朝鮮式小銅鐸《しょうどうたく》一、細形銅剣三、銅矛一、不明二である。

八ノ坪遺跡で青銅器が作られていた年代だが、鋳型にともなって出土した中期前葉の甕（須玖《すぐ》I式）に付着したススを炭素14年代測定したところ、前三世紀前葉であった（藤尾ほか二〇〇六）。列島産の可能性のある青銅器は前四世紀後半（中期初頭）にもあるので、国産が始まったのはさらに数十年さかのぼる可能性がある。

青銅器はどのような人びとが作っていたのかを知る手がかりになるのが、八ノ坪遺跡か

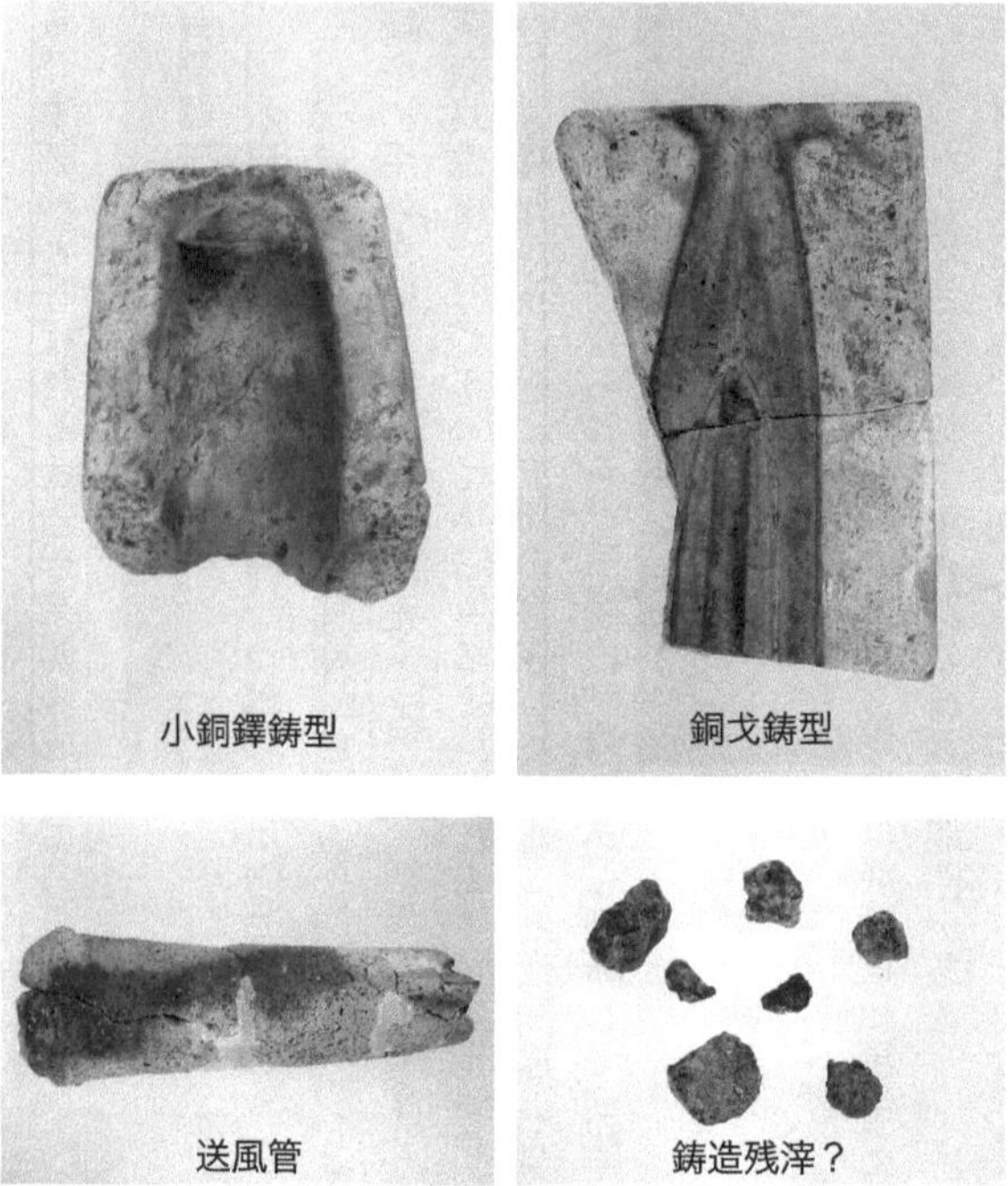

写真26　青銅器鋳造に伴う鋳型や銅滓（熊本市八ノ坪遺跡　前3世紀）〔提供 熊本市教育委員会〕

ら出土した朝鮮半島南部初期鉄器時代の土器である。口縁部に断面が円形の粘土の帯をめぐらすように貼り付けた甕（円形粘土帯土器）、牛の角のような形の把手（牛角把手）を持つ大型壺、長頸壺、高坏《たかつき》など、多くの器種がセットで見つかっている。

土器が単品ではなくてセットで見つかる場合、考古学者は人びとの移住を想定する。当時必要とされた道具類がすべてそろっているからである。水田稲作が始まった前一〇世紀後半には朝鮮半島南部の土器がセットで見つかった遺跡がなかったことに比べると、前四世紀には、朝鮮半島南部で青銅器製作に携わっていた人びとが彼の地に移住し、青銅器を作っていたと考えられる。

こうした、いわゆる工人集団は熊本平野以外にも佐賀平野西部（小城《おぎ》・牛津《うしづ》付近）、福岡県小郡《おごおり》市などにもいたことが想定されることから、九州北部の数ヵ所で弥生独自の青銅器が鋳造されていたことがわかる。

4　鉄器の出現と加工

鉄の種類と機能

青銅器と並ぶもう一つの金属器である鉄器は、青銅器とは異なる機能をもつ。開墾や水田・畑での農作業に用いるクワやスキの刃先につけるクワ先やスキ先、収穫具の鉄鎌、木を伐採し加工して種々の木製品を作るための機能分化した鉄の斧、細部加工の刀子《とうす》、ノミ、ヤリガンナ。そして人を殺傷するための道具である鉄剣や鉄矛などの武器。さまざま

写真27　鋳造鉄斧の破片を再利用した最古の鉄器（左上の鉄破片の長さ：5㎝）（愛媛県大久保遺跡　前4世紀）〔原品 愛媛県教育委員会蔵〕

な利器として使われる。

鉄は炭素量の違いで性質が異なる。炭素量が二％以上含まれる鉄は鋳鉄《ちゅうてつ》と呼ばれ、硬いがもろいという性質があるので利器には向かない。後世には仏像や鉄瓶《てつびん》など容器に使われる。主な生産地は中国東北部の燕《えん》で、日本で鋳造が始まるのは古代になってからである。このように鋳鉄を鋳型に流しこんで作られた鉄器を鋳造鉄器とよぶ。

炭素量が約二％以下の鉄は鋼《はがね》と呼ばれ、軟らかいが腰があって粘りがあるので、利器に向いている。折り曲げたり鍛《たた》いたりして作る鉄器を鍛造鉄器とよぶ。主に武器、農工具に用いられる。主な生産地は中国江南の楚《そ》や朝鮮半島東南部である。

最古の鉄

日本最古の鉄器は、中国東北部の燕という国で前五世紀頃に作られた鋳造の鉄斧《てつぷ》である。その一つが愛媛県大久保《おおくぼ》遺跡で出土した（写真27）。写真左上の破片に隆起した帯状の部分（隆帯）がみえるが、これは前五世紀ごろの燕で作られた鋳造鉄斧の特徴である。完形の斧はなくすべて破片である点に注意が必要である。

弥生人は破片の割れ口を砥石《といし》で研《と》ぎ、小形のノミなどの工具として再利用していたのである〔野島一九九二〕。九州北部の福岡県朝倉《あさくら》地域に完形の鋳造鉄斧が持ち込まれ使用される。使用中に割れて壊れると、そこで破片を再加工して小鉄器に作り替えられたものが、西日本各地に広まったものである（次頁図14参照）。

燕製鋳造鉄斧の伝播ルートについては、朝鮮半島南部経由説と直接伝播説がある。一般的には前者だが、朝鮮半島南部より日本列島の方が早く出現することや、日本出土のものと朝鮮半島南部出土のものでは製作技法が異なっていることから、直接伝播説も根強い。

前四世紀前葉から鉄器が使われるようになったといっても、木の伐採や切断、加工など、ほとんどの作業は石器で行われているし、クワ先やスキ先、鉄の武器が出現するのはまだだいぶ先の話である。したがって破片の破面に刃を研ぎ出してノミなどに再加工された小鉄器を木製容器の細部を加工する際に限定的に使っていた程度と考えられている。

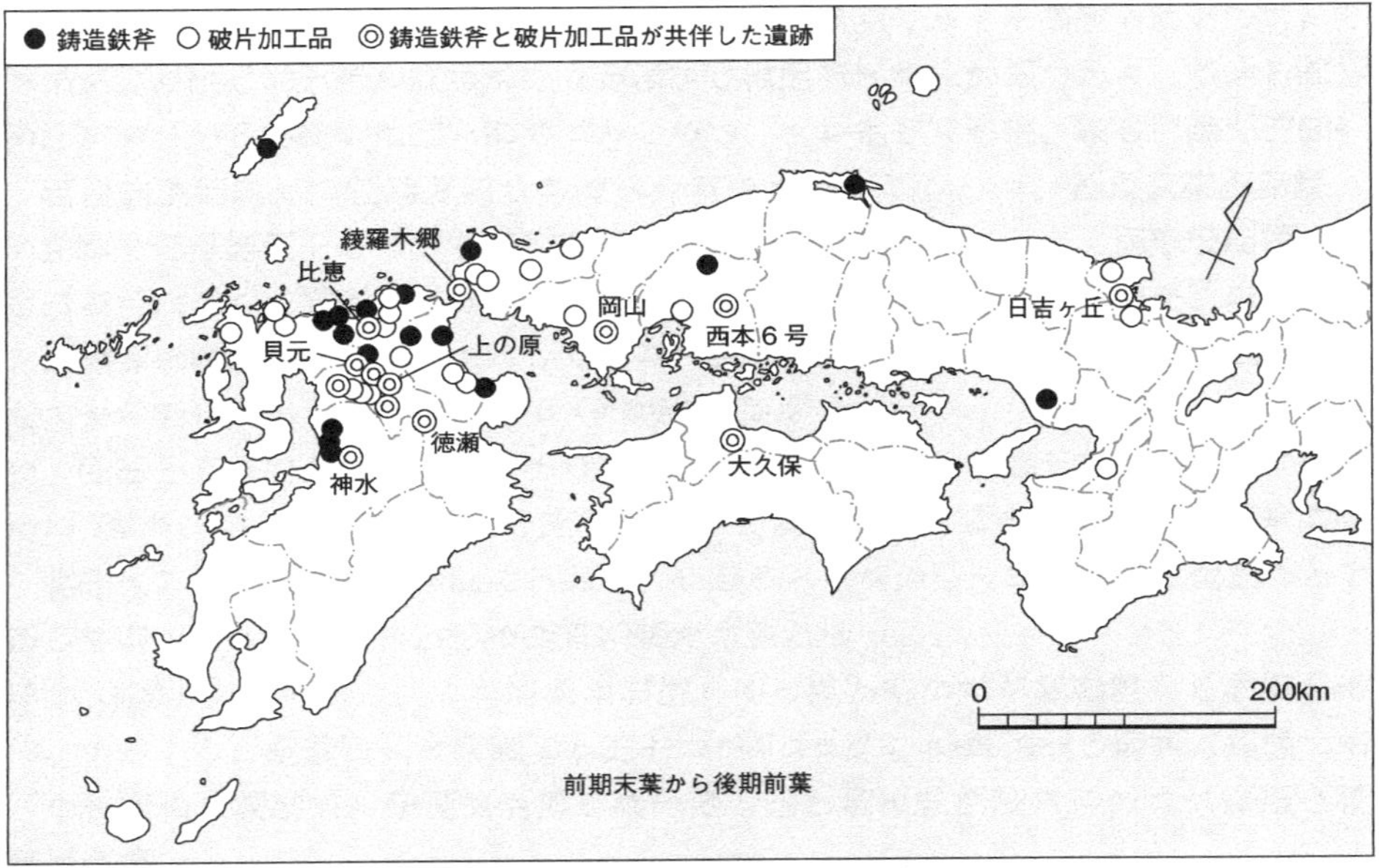

図14　鋳造鉄斧と再利用した破片加工品の分布（〔野島2009〕より転載）

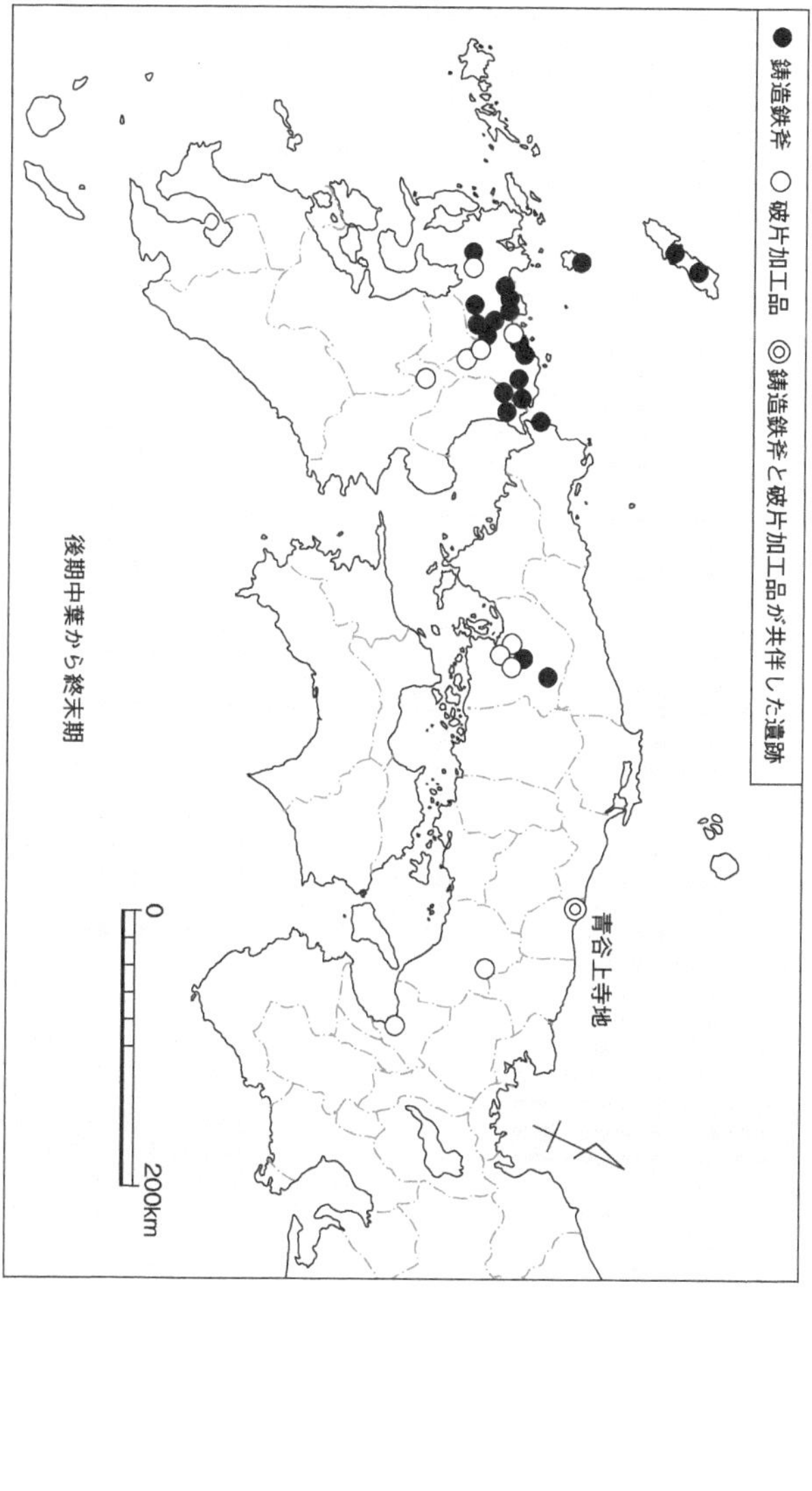
● 鋳造鉄斧 ○ 破片加工品 ◎ 鋳造鉄斧と破片加工品が共伴した遺跡
後期中葉から終末期
青谷上寺地
0
200km

5　鉄を求めて海を渡った人びと

鍛造鉄器の出現

前三世紀になると鋳造鉄器に加えて、炭素量が約二％以下の鋼で作られた鍛造鉄器が加わり、鉄器の量が増え始める。現在のところ、もっとも古い鍛造鉄器は佐賀県吉野ヶ里遺跡で見つかった前三世紀の甕棺（汲田式）に副葬されていた鎌状の鉄器である。

鍛造鉄器の生産地として有名なのは三世紀の朝鮮半島東南部にあった弁辰《べんしん》地域の鉄である。弁辰とは弁韓《べんかん》と辰韓《しんかん》の略で、弁韓とは現在の金海地域、辰韓は慶州《キョンジュ》を中心とした地域を指す。『魏書』東夷伝弁辰の条の記述（この国は鉄を産出する。濊《わい》・倭・馬韓《ばかん》がともにやって来て、この鉄を買う）を想い出す読者も多いことだろう。弁辰地域の鉄生産が何世紀までさかのぼるのかがわかる直接的な証拠、すなわち製鉄炉などは見つかっていないが、考古学的には嶺南《ヨンナム》地域（慶尚北道、慶尚南道の総称で、弁辰地域より少し広い地域を指す）の鉄器の量が急増する前一世紀まではさかのぼる可能性が高い。

朝鮮半島南部の弥生土器

ところが最古の鍛造鉄器が九州北部に出現した前三世紀前後から朝鮮半島南部において九州北部の弥生土器が見つかるようになるという事実がある。これまでに朝鮮半島南部で弥生土器が見つかった遺跡は三十数遺跡を数え、北は京畿道から南は慶南、全羅《チョルラ》道まで、時期にして前四世紀前葉から後二世紀におよぶ。なかでも嶺南地域で見つかる弥生土器の数は群を抜いている（図15、表2）。

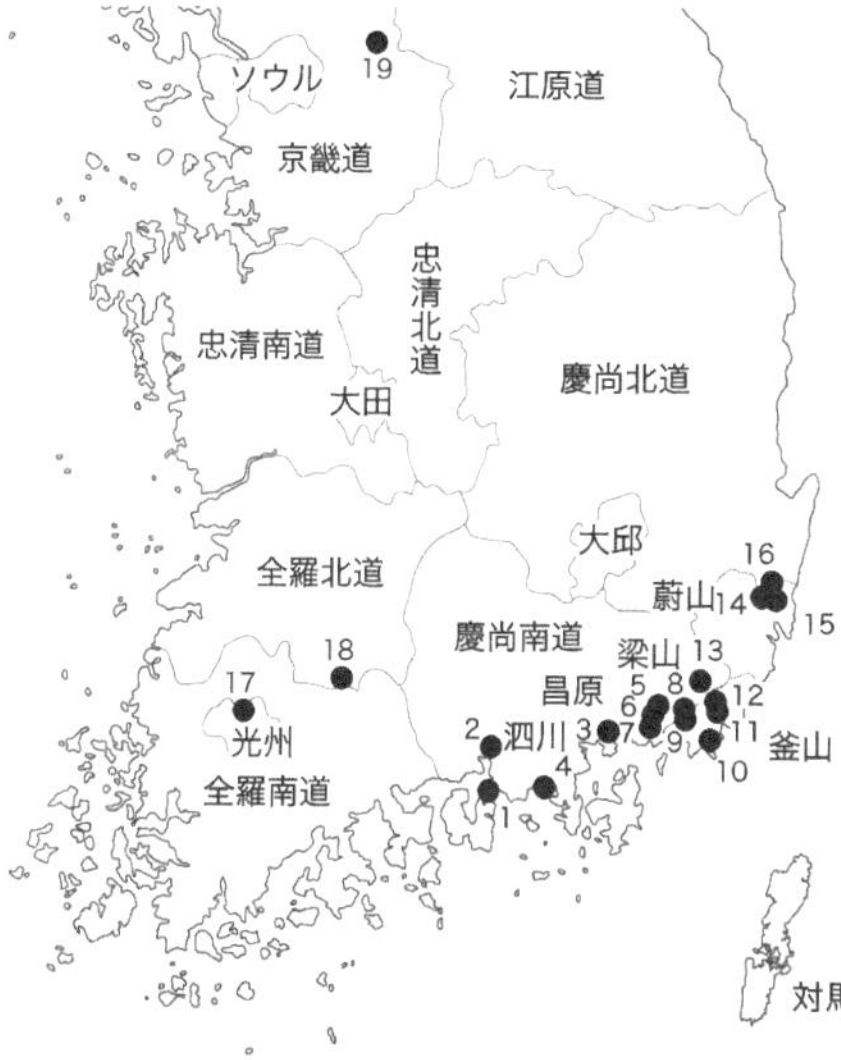

図15　朝鮮半島で見つかった弥生土器の分布（〔片岡2011〕より転載）

朝鮮半島南部で弥生土器が見つかり始める時期と列島で鍛造鉄器が見つかり始める時期がほぼ一致しているのは偶然であろうか。きわめつけは釜山市にある東萊《トンネ》福泉洞《ポクチョンドン》萊城《ネソン》遺跡である。前四世紀の住居址から鉄器製作時に排出される鉄滓《てっさい》〔藤尾二〇〇四〕と弥生土器が出土している。

地域	遺跡名	出土弥生土器	遺跡の立地
晋州	1 泗川勒島	須玖Ⅰ～下大隈式	島の丘陵斜面
	2 泗川芳芝里	須玖Ⅰ～Ⅱ式	独立丘陵，当時は海
	3 昌原茶戸里	須玖Ⅱ式	低丘陵
	4 固城東外洞	弥生後期後半	海抜 40m の丘陵
金海	5 大成洞焼成遺構	城ノ越～須玖Ⅰ式	丘陵末端部
	6 会峴里	板付Ⅱｂ～高三潴式	丘陵，当時は丘陵まで海が迫る
	7 興洞	城ノ越式	山斜面末端，当時金海湾に面す
釜山	8 池内洞	須玖Ⅱ（袋状口縁壺）	海抜 100m の丘陵
	9 北亭貝塚	須玖Ⅰ式	海抜 38 ～ 80m の丘陵
	10 朝島貝塚	城ノ越～須玖Ⅱ式	島
	11 莱城	城ノ越～須玖Ⅰ式	福泉洞古墳群丘陵の下
	12 温泉洞	中期初頭の広口壺	丘陵
蔚山	13 梁山北亭洞	城ノ越～須玖Ⅰ式	丘陵
	14 達川	須玖Ⅱ式	丘陵
	15 梅谷洞	須玖Ⅰ式	丘陵
	16 中山洞薬水	須玖Ⅰ式	丘陵
その他	17 光州新昌洞	須玖Ⅰ式	沖積地
	18 南原細田里	弥生後期後半	沖積地
	19 加平郡大成里	下大隈式	沖積地

表2　朝鮮半島における弥生土器出土遺跡一覧表

この現象は何を意味するのだろうか。弥生人自らか、弥生人と何らかの関係を持つ人物がいて、釜山の鉄器製作工人と関わっていたのではないだろうか。つまり前四世紀中ごろには、鉄を求めて弥生人が海を渡っていた可能性が考えられる。

前三世紀になれば八ノ坪遺跡で見たように青銅器の国産化もすでに始まっているので、鉄器も青銅器も国産化していたことになる。

原料はいずれも朝鮮半島に求めたという点で一致してい

る。日本で鉄鉱石を原料に製鉄が始まる六世紀後半、銅鉱石を原料に銅製品が作られるようになる七世紀までは、朝鮮半島南部産の鉄素材や青銅原料が日本の金属器需要を支えていたことは間違いない。

鉄器の国産化

先述したように、前三世紀には鍛冶が始まっていたと考えられるが、この時期の鍛冶遺構が見つかっているわけではないので、中期後半以降の鍛冶遺構を参考に当時の鉄器製作について紹介しよう。

まず私たちは鍛冶というと、村の鍛冶屋さんが頭に浮かぶ。トンテンカン、トンテンカンという槌の音、飛び散る火花、高温の炉、焼けた鉄をつかむ鉄の箸《はし》、童謡にも歌われたおなじみの情景である。

しかしこの情景に出てくる鉄製の鍛冶の道具が出現するようになるのは、五世紀の古墳時代中期になってからである。弥生人の道具と言えば、石の槌や金床石、竹か木の枝を使った箸ということになる（図16）。

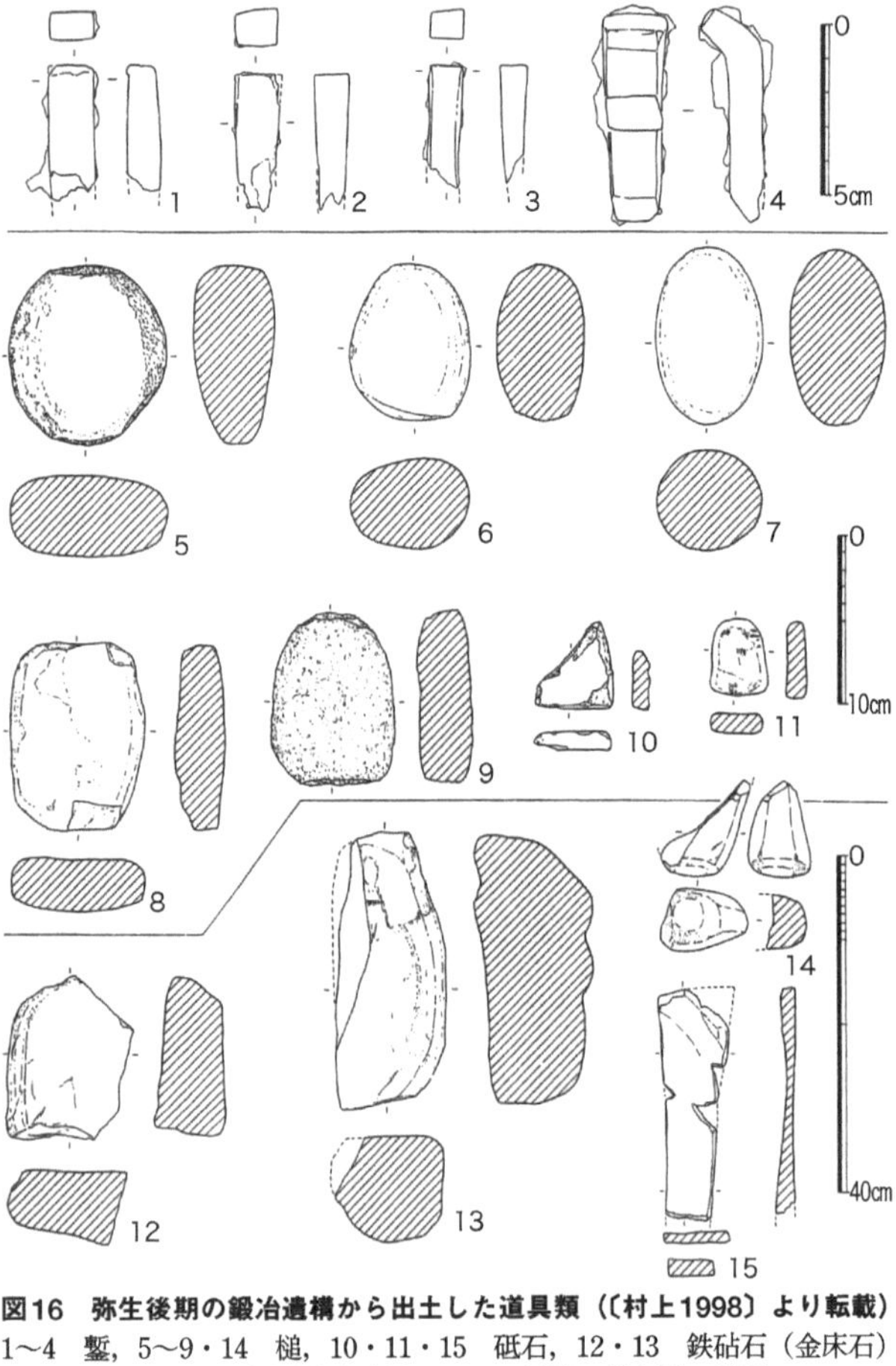

図16　弥生後期の鍛冶遺構から出土した道具類（〔村上1998〕より転載）
1〜4　鏨，5〜9・14　槌，10・11・15　砥石，12・13　鉄砧石（金床石）
4・9・10・14・15　福岡県安武深田，それ以外は熊本県二子塚

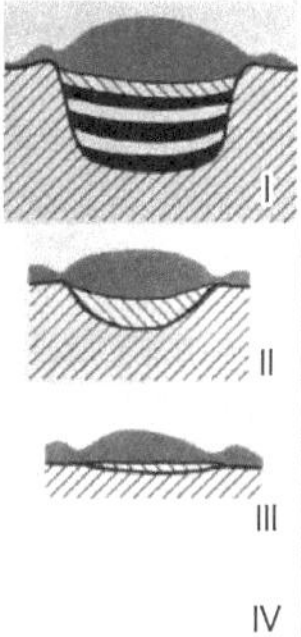

	掘り方	地下構造	工程	鍛冶滓
Ⅰ	大。内壁、底を焼き締め	木炭と土を交互に重ねた防湿施設	鍛錬鍛冶A・B	あり
Ⅱ	あり	なし。わずかなカーボン・ベッド	鍛錬鍛冶A・B	あり
Ⅲ	ほとんどなし	なし	原始鍛冶	なし
Ⅳ	なし。床をそのまま利用	なし	原始鍛冶	なし

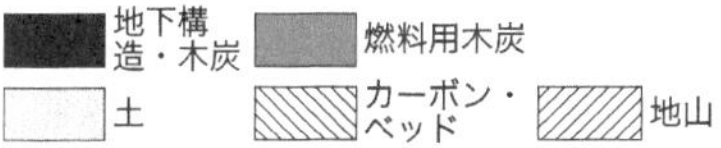

図17　鍛冶炉と鍛冶工程との関係（〔村上1998〕より作成）

鍛冶炉

弥生人が鉄器を作った炉には大きく四タイプある（図17）。Ｉ類はかなりの高温を出せるのでリサイクルや鍛接も可能であるが、このタイプの炉は後二世紀以前の近畿や山陽にはなく、徳島や山陰を東限とする西日本で見つかっているという。

このタイプの炉を除けば、簡易なものばかりで、なかには穴さえ掘らず、ただ地面が焼けているだけのものもある。

Ⅳ類の炉のことだが、東日本で見つかるほとんどの炉はこれであり、また近畿の後期中葉以降に見つかる炉もⅣ類が多い。兵庫県五斗長《ごっさ》垣内《かいと》遺跡では、Ⅳ類の炉に鉄板が切断された端切れなどが見つかっていることから、Ⅳ類の炉を使って鉄器が作られ

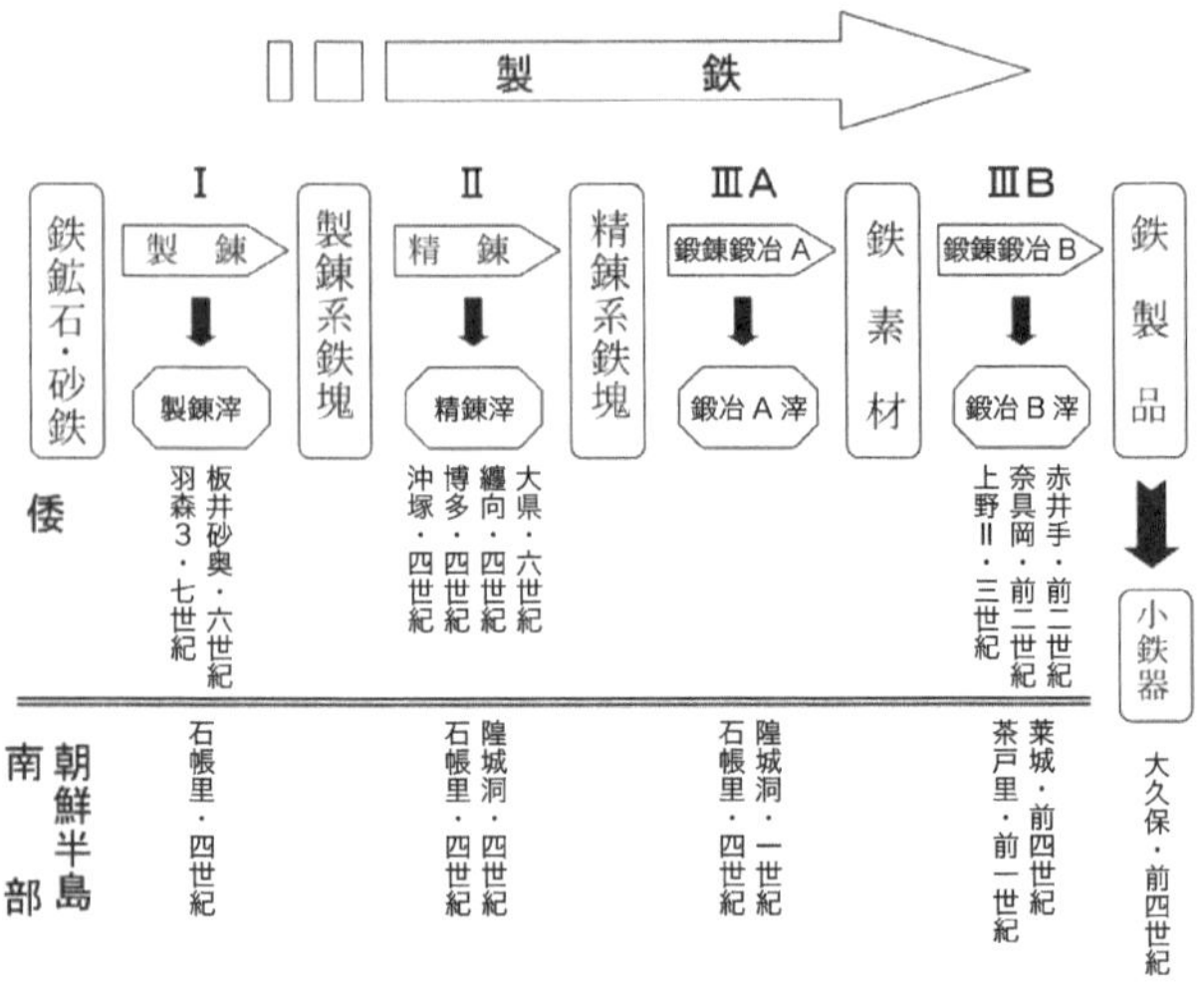

図18　前近代における製鉄工程模式図

ていたこともわかってきている〔村上二〇一五〕。

炉の存在がはっきりしなくても鉄器が作られていたことを知る手がかりはある。鍛造剥片や鉄滓の存在である。鍛造剥片はスケールとも呼ばれており、焼けた鉄の表面を槌で叩いたときに飛び散る火花の正体である。鉄の表面が衝撃で剥がれたものなので磁石にくっつく。スケールの分布を調べれば鍛冶が行われていた証拠を得ることも可能である。

一方、弥生時代の工房から見つかる鉄滓は鉄器製作時に排出されたスカスカの小さなものばかりである。ほかの工程で排出される鉄滓を参考までにコラムにまとめておいたので参照してほしい。

コラム　弥生・古墳時代の製鉄

図18は工程ごとにできる製品と排出される鉄滓との関係を見た図である。

Ⅰ　製錬　砂鉄や鉄鉱石を製錬して、原料に含まれるチタンやケイ素を取り除き、できるだけ純度の高い鉄を取る工程である。製品が製錬系鉄塊、排出されるのが製錬滓である。日本では6世紀後半から始まる。

Ⅱ　精錬鍛冶　製錬系鉄塊からさらに不純物を取り除き、精錬系鉄塊を作る工程である。製品が精錬系鉄塊、排出されるのが精錬鍛冶滓である。通常、椀形滓と呼ばれている。日本では3世紀後半の古墳時代（布留《ふる》式）から始まる。

Ⅲ　鍛錬鍛冶A　精錬系鉄塊をもとに鉄板状や棒状の鉄素材を作る工程である。古墳時代に出土し始める鉄鋌《てつてい》はこの工程で製作される。精錬系鉄塊自体にはほとんど不純物が含まれていないので、大きな鉄滓がでることはない。日本では古墳時代まで鉄鋌が作られないので、鍛冶A滓の出土例はほとんど知られていない。

Ⅳ　鍛錬鍛冶B　板状や棒状の鉄素材をもとに鉄製品を作る工程。いわゆる村の鍛冶屋さんの本業である。

以上のように、中国東北部にある燕で作られた鋳造鉄斧から前四世紀に始まった弥生の鉄の歴史。当初は壊れたら石器を作る要領で破片の破面を研いで刃をつけて小鉄器として再利用していたが、やがて輸入するだけでなく、弥生人自ら海を渡り朝鮮半島南部まで出かけていって、特産の鍛造鉄器を入手するようになる。

前三世紀以降の九州北部では、次第に朝鮮半島南部産の鍛造鉄器の比率が増え、木の伐採、木材加工や木器製作、矢板や杭の製作など、利器全般にわたって鉄器が威力を発揮していったのである。

考古学者は遺跡から見つかる鉄滓が、どの工程でできたものであるかを見極めた上で、遺構とあわせてそこでどんな作業が行われていたのかを考える。九州北部では前三世紀、中国地方では後一世紀から本格的な鉄器製作が始まる。その具体的な姿は紀元後の中国地方で鉄器製作が本格化する第五章で述べることにする。

【参考文献】

石川日出志『農耕社会の成立』岩波新書、二〇一〇
岩永省三「東アジアにおける弥生文化」『岩波講座日本歴史』第一巻、原始・古代一、一〇一〜一三四頁、二〇一三
宇野隆夫「書評　金関恕＋大阪府立弥生文化博物館編『弥生文化の成立——大変革の主体は「縄紋人」だった』」（『考古学研究』四三—一、一〇四〜一〇九頁、一九九六）
片岡宏二「海を越えた韓人・倭人」（『響灘の考古学』Ⅴ、二〜六頁、土井ヶ浜遺跡・人類学ミュージアム、二〇一一）
斎野裕彦「弥生文化の地域的様相と発展・東北地域」（『講座日本の考古学五——弥生時代（上）』四三〇〜四八四頁、青木書店、二〇一一）
酒井仁夫編『今川遺跡』津屋崎町文化財調査報告書四、一九八一

新里貴之「貝塚時代後期文化と弥生文化」（『弥生時代の考古学』一、一四八～一六四頁、同成社、二〇〇九）
常松幹雄『最古の王墓』新泉社、二〇〇六
野島永「破砕した鋳造鉄斧」（『たたら研究』三二・三三、二〇～三〇頁、一九九二）
野島永『初期国家形成過程の鉄器文化』雄山閣、二〇〇九
林田和人編『八ノ坪遺跡Ⅰ――分析・考察・図版編』熊本市教育委員会、二〇〇六
藤尾慎一郎「弥生時代の鉄」（『国立歴史民俗博物館研究報告』第一一〇集、三～三〇頁、二〇〇四）
藤尾慎一郎・小林謙一「熊本市八ノ坪遺跡出土弥生土器に付着した炭化物の炭素一四年代測定」（『八ノ坪遺跡Ⅰ』四五～五二頁、熊本市教育委員会、二〇〇六）
村上恭通『倭人と鉄の考古学』青木書店、一九九八
村上恭通「古墳出現前後における鉄をめぐって――瀬戸内を中心に」（『大集結　邪馬台国時代のクニグニ』一九一～二一九頁、青垣出版、二〇一五）
山内清男「日本遠古之文化――縄紋式以後（完）」（『ドルメン』二―二、四九～五三頁、一九三三）
吉留秀敏編『比恵遺跡群一〇』福岡市埋蔵文化財調査報告書二五五、一九九一

第四章　弥生中期後半〜中期末（前二世紀〜前一世紀）

――文明との接触とくにの成立

写真28　蔚山市達川遺跡で見つかった鉄鉱石採掘場（前2世紀）
〔提供 ㈶蔚山文化財研究院〕

1　文明との接触——鉄を求めた倭人

楽浪以前の文明との接触

前一〇八年、前漢の武帝《ぶてい》は朝鮮半島支配の出先機関を設置するが、そのうち平壌《ピョンヤン》あたりに置かれたのが楽浪郡である。従来の弥生研究では弥生人が中国世界と接触するようになるのは楽浪郡の設置以降であるとして、文明との出会いを前二世紀末以降と考えてきた。ところが第三章でもみてきたように朝鮮半島南部に弥生土器が出土するようになる前四～前三世紀ごろまで接触がさかのぼることは明らかだ。

前二世紀になると弥生土器がセットで見つかる遺跡が朝鮮半島南部に出てくるようになる。前三世紀に福岡・佐賀・熊本の青銅器工房で見られたのと同じ現象が、前二世紀の朝鮮半島南部でも見られるようになるのである。その背景にはやはりこの地域の鉄資源がある。

　蔚山市達川《タルチョン》遺跡は、初期鉄器時代の鉄鉱石採掘場が見つかった遺跡で（写真28）、甕（図19）だけでなく壺や高坏など弥生土器がセットで出土した。弥生土器を単品で出土していた前四〜前三世紀頃に比べると、弥生土器を使う人びとが一定期間、彼の地に定着するようになっていたと考えられる。しかも出土した弥生土器は、福岡県糸島地域の特徴を持つことから、のちに伊都国と呼ばれるようになる地域との関係が注目されるのである。

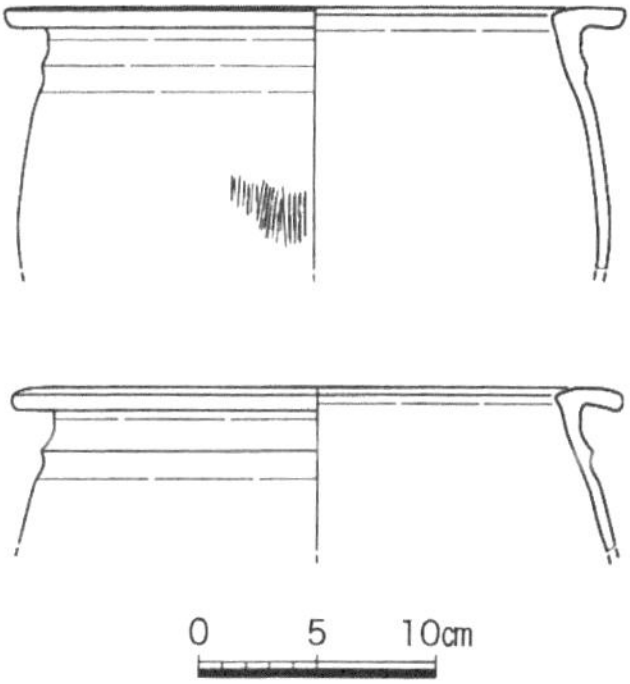

図19　達川遺跡38号竪穴から出土した弥生土器（前2世紀）（〔㈶蔚山文化財研究院2010〕より引用）

　弥生人は鉄鉱石採掘地の達川にどのような目的があったのだろう。日本列島の人びとが鉄鉱石を利用できるようになるのは六世紀第三四半期に岡山で製鉄が始まってからなので、鉄鉱石の入手が目的ではない。達川では製錬から精錬、鉄器作りまで一連の作業が行われていたことを考えると、弥生人が求めたのは鉄器を作る際に必要な鍛鉄系の鉄素材、もしくは鉄器そのものであった可能性が高い。

鍛鉄系の鉄素材は後述するように、弥生後期に短冊状の形（板状鉄製品）に定形化するが、紀元前の段階ではまだ出土数も少なく、板状のものがあったということぐらいしかわかっていない。福岡県赤井手《あかいで》遺跡や京都府奈具岡《なぐおか》遺跡で出土した資料を見る限り、紀元前の段階はまだ、スクラップ品を含むいろいろな形の鉄素材が出回っていたことがわかる。

外国人居留地か？——慶南勒島遺跡

弥生土器がセットで見つかる遺跡がもう一つある。慶南泗川《サチヨン》市の沖に浮かぶ勒島《ヌクト》にある勒島遺跡である（写真29）。現在は本土と橋でつながっているが、以前は船で一〇分ほどかかる離れ小島であった。釜山大学校博物館や東亜大学校博物館などの発掘によって、大量の弥生土器や九州北部の成人甕棺など、九州北部由来の資料が見つかった。

なかでも中心をなす土器が九州北部の須玖式土器である。特に前二～後一世紀中ごろ（中期後半～中期末）に比定される須玖Ⅱ式がほとんどで、その出土量は朝鮮半島南部から出土する弥生土器の大多数を占めている。しかも日常用土器、祭祀用土器など、器台を除くすべての器種が見つかっているのだ。土器の特徴が壱岐や糸島地域の弥生土器と共通点を持つことからも、のちに伊都とよばれる地域との強い関係がうかがえる。

紀元前後（中期末）になると九州東部・中部、山陰、瀬戸内系の弥生土器も増え始める

写真29　慶南勒島遺跡（前3〜後1世紀）〔提供 釜山大学校博物館〕

ことから、九州北部以外の弥生人も勒島との関係を持ち始める。

もちろん弥生土器ばかりではなく、楽浪系の漢式土器なども出土しているので、勒島は国際色豊かな様相を示していたことがわかる。

須玖Ⅱ式土器がセットで出土している点や、勒島でも弥生土器が作られている点は、玄界灘沿岸地域の弥生人が短期・長期にわたって居住していたことを意味する。その目的は、鉄器や鉄素材を中心とした資源の入手であっただろう。

勒島でも精錬や鍛冶が行われていたことは出土した送風管、炉壁、小鉄塊、鍛造剥片、鉄滓からわかるが、こうした鉄関連の資料が見つかる遺構に弥生土器がともなう確率は四五％と非常に高いことからも〔李二〇一五〕、弥生人の目的が鉄にあったことがわかる。

『魏志』東夷伝倭人の条によると帯方郡を出た船は朝鮮半島の西海岸に沿って南下したあと、南海岸沿いを東へ進むが、勒島は金海や釜山へと向かう南海岸航路のほぼ中間に位置しており、中継地として最適な場所であった。

ただ朝鮮半島から対馬へ向かう三世紀の航路は金海を起点にしているため、九州へと向かうルートから勒島は外れてしまう。

この問題は、二世紀に勒島遺跡が廃絶されることを考えると解決の糸口が見つかる。すなわち、勒島を舞台にした交易は後一世紀のある時点から衰退を始め、二世紀には瓦解。その後、金海地域を中心とした交易に再編成されたのだ〔井上二〇一二〕。倭人の条は、勒島衰退後の交易ルートを記していたと考えれば説明がつく。勒島遺跡は、前二～後一世紀中ごろを中心に鉄を中心とした文物交易で繁栄した場所と言えるだろう。いろいろな人びとが居留する国際色豊かな港町だったのである。

では次に勒島を舞台にした交易を担っていた九州北部側の壱岐や糸島地域の状況についてみてみよう。

2　くにの成立——原の辻遺跡（一支国）、三雲遺跡（伊都国）

くにとは

ここで扱うくにとは、邪馬台国や奴国に使われている「くに」のことである。くにの大きさは江戸時代まであった筑前国《ちくぜんのくに》や河内国《かわちのくに》を構成する郡の一つか半分、三分の一ほどで、たくさんのむらから成り立っていた。倭国に使われている「くに」ではないので注意してほしい。

倭人の条に書かれている三〇ほどのくにのなかで、所在地が明らかで、その中心となる遺跡が具体的にわかっているもののなかから、一支国の原の辻遺跡や伊都国の三雲南小路遺跡を取り上げる。

原の辻遺跡の成立

長崎県壱岐島の南東部、長崎県では諫早《いさはや》平野に次いで二番目の広さを持つ深江田原《ふかえたばる》平野に位置する丘陵上に、遺跡が突然現れるのは前六世紀（前期後半）のことである。

壱岐は玄界灘沿岸地域よりも朝鮮半島に近いが、水田稲作の伝播ルートからは外れていることもあり、水田稲作の始まりは玄界灘沿岸地域よりも遅い。

縄文人が居住の場としなかったこの丘陵は、冬場に北西の強い季節風が吹くことから、地元の人でも家を建てる人がほとんどいないという場所である。このような場所に遺跡を造った理由は、壱岐では巨大な集落を作ることができる唯一の場所であること〔宮崎二〇〇八〕、海から川を上ってくることができる反面、海からは見えないことが防御に適していたからと思われる。

遺跡は農工具を集中的に作っていた地区、朝鮮半島系の後期無文土器などが集中して見つかる地区、青銅器を副葬品に持つ有力者が葬られている地区などが、機能的に配置されている（図20）。

先述した吉武高木遺跡と同じく、前四世紀後半（中期初頭）には佐賀県宇木汲田遺跡、福岡市板付《いたづけ》田端《たばた》遺跡など、青銅器を副葬品に持つ有力者が玄界灘沿岸地域に出現するが、原の辻遺跡の有力者もこれらと同列に並ぶものである。

出土する弥生土器は福岡から糸島にかけての土器との共通性が高いことから、原の辻遺跡の成立には在来の人びとだけでなく、玄界灘沿岸地域の人びとが深く関わっていたと考えられる。

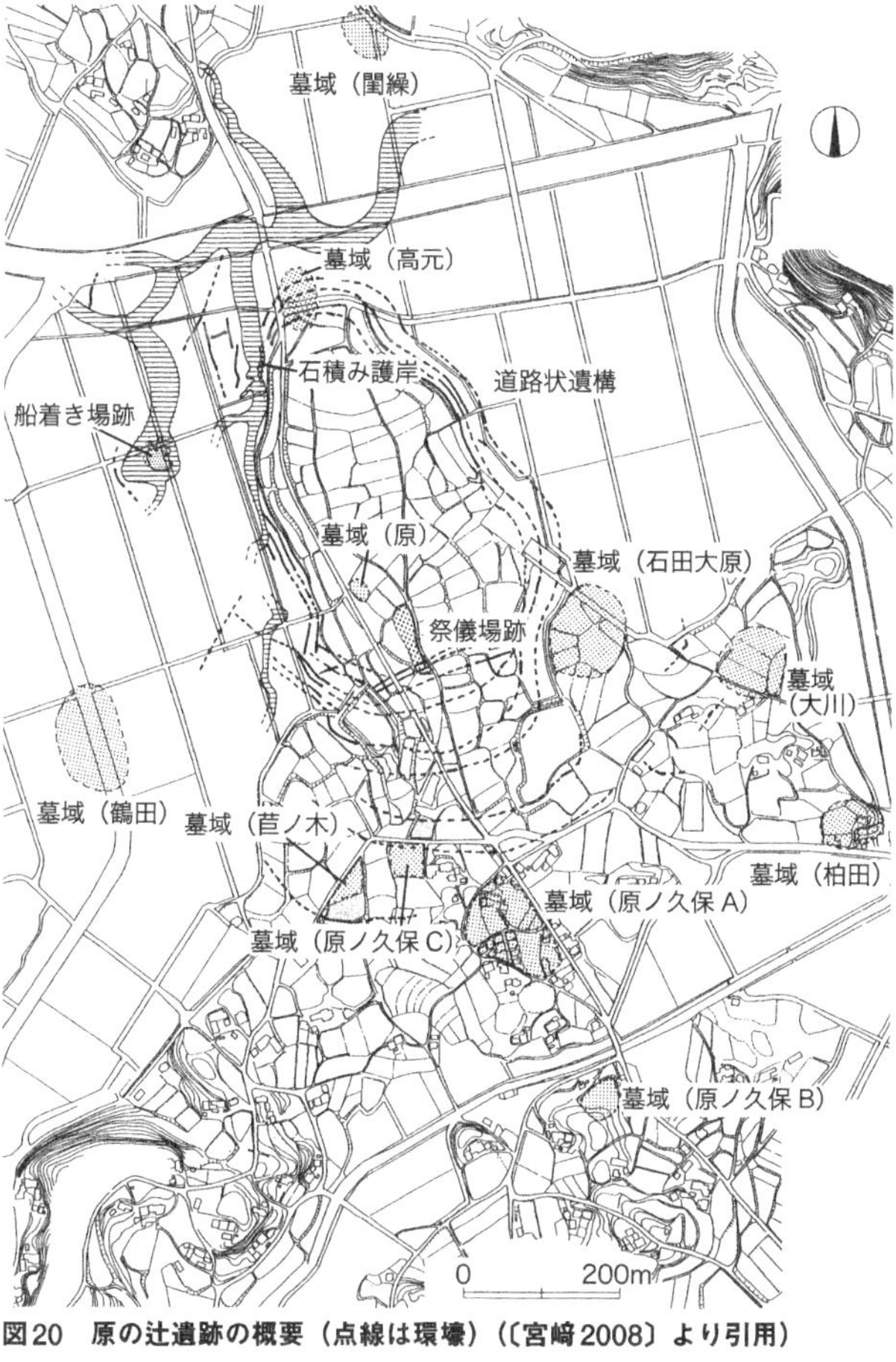

図20　原の辻遺跡の概要（点線は環壕）（〔宮﨑2008〕より引用）

環壕集落の成立――くにの中心の成立

前三世紀になると遺跡全体を取り囲むように壕が掘られて、約一六ヘクタールの居住域と、壕の外側に造られた約六ヘクタールの墓域の、あわせて約二二ヘクタールにも及ぶ「原の辻大集落」が成立する。こうして倭人の条に記されることになる一支国の中心部が成立し、後一世紀までの三〇〇年以上にわたって継続する。壱岐島への来訪者は海から川をさかのぼったところにある船着き場から大集落に上陸する。

環壕内は計画に基づく大がかりな土木工事によって、居住域、祭儀場、交易の場、また環壕の外には墓域、といった具合に機能的に配置されている。

在来民が居住の場としなかった丘陵上に大集落を造った玄界灘沿岸地域、とくに糸島地域の人びととゆかりのある弥生人の目的は、大陸や朝鮮半島と交易する前線基地を造ることにあった。勒島遺跡で須玖I式土器が出土し始める時期と、この大集落ができる時期も一致している。

つまり玄界灘沿岸地域の弥生人は、楽浪郡が設置されるより二〇〇年も前から朝鮮半島南部の資源を手に入れるために、海上交通路のルート上に位置する拠点として原の辻遺跡を造った可能性が高いのだ。

交易基地

出土した貨幣や大陸系の文物もこの遺跡が交易基地であったことを示唆している。原の辻遺跡では前漢の貨幣である五銖銭《ごしゅせん》など（五銖銭一、大泉五十　一、貨泉一一、不明二）が一五枚出土しているが、墓には副葬されてはいない。中国世界で成立していた貨幣経済の外にあった西日本で見つかる銅銭は、列島産青銅器の銅素材であった可能性も否定できない。

しかし原の辻遺跡のような人工的に造られた港を備えた遺跡では、楽浪郡や朝鮮半島南部から渡ってきた人びととの間で、局所的に通貨として用いられていたのではないかという説もある〔宮﨑二〇〇八〕。中期後半以降は、中国銭貨を用いた交易網に近畿から楽浪郡までの地域が組み込まれていた可能性を説く説もあるくらいだ〔武末二〇〇九〕。

貨幣以外にも機械仕掛けの強力な弓である「弩《ど》」専用の矢じりである三翼鏃《さんよくぞく》、滑石《かっせき》が混入した楽浪系の土器など大陸の文物が豊富に見つかっている。

一方、弥生側の交易対象になったものははっきりしない。昔からコメと生口《せいこう》（戦争奴隷）を想定する研究者が多かったが、証拠として示せるものはない。ただ取り引きの際に必要なものとして、権《けん》と呼ばれる銅でできた竿秤《さおばかり》のおもりが見つかっている。筆者が子供の頃は、古新聞の回収に来るおじさんが竿秤を使って重さを量っていたことを覚えている。こうした秤の存在は、何か量れる物が交易の対象だった可能性を示唆している。秤についてはー五七頁のコラムでふれているので参照してほしい。

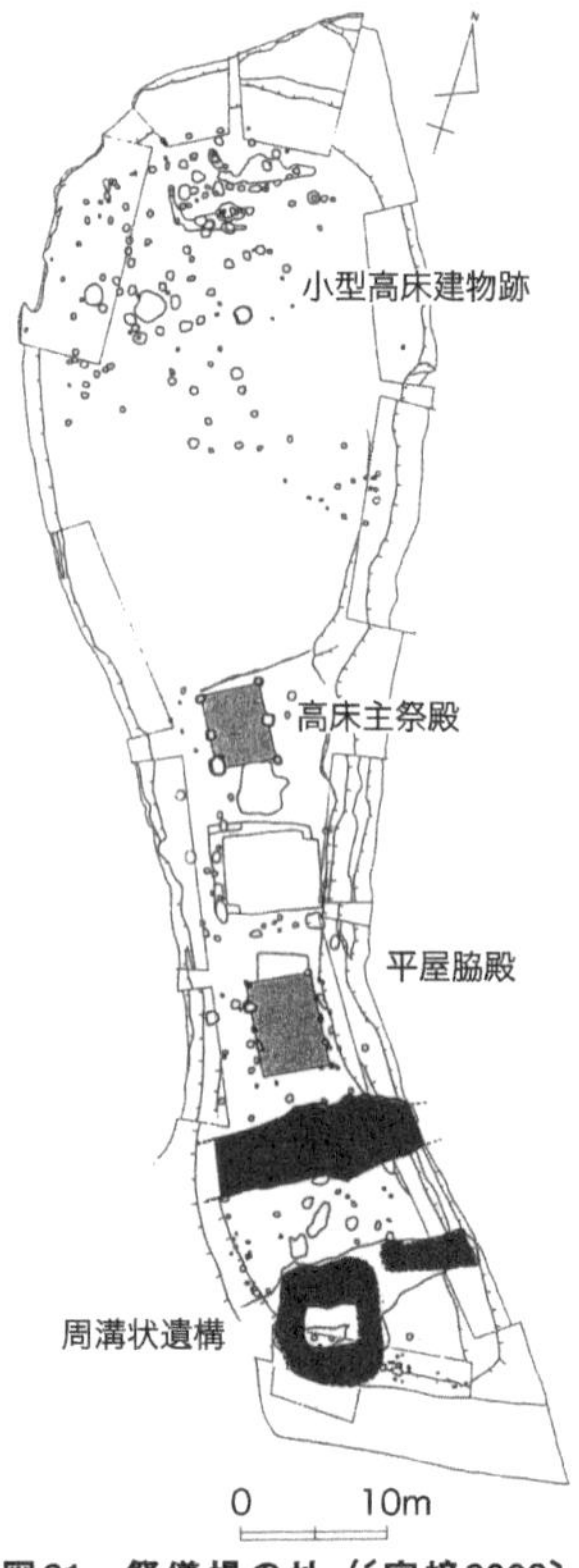

図21　祭儀場の址（〔宮﨑2008〕より引用）

まつりの場

環壕内の中心にある原地区に、前三～前一世紀の祭儀場がある（図21）。環壕が掘られた時に計画された施設である。倭人伝に記されたくにぐにのなかで、くにの中心地区に複数の建物群からなる祭儀の場の状況が具体的にわかっているのは一支国だけなので紹介しよう。

祭儀空間には、祭儀を行う場である主祭殿、宝物を納めた高床建物など複数の建物が建っている。中央の主祭殿は、一×二間の梁行《はりゆき》四・二メートル、桁行《けたゆき》五メートル。南側の平屋の脇殿は、一×四間の梁行四・三メートル、桁行六・二メートルを測る（数値は〔宮崎二〇〇八〕からの引用）。大阪府池上・曽根遺跡で見つかった独立棟持柱《どくりつむなもちばしら》をもつ祭殿（六・九×一九・二メートル）に比べると少し小形である。

有力者層の墓域

環壕の外に設けられた墓域には、祭儀を行っていたと推測されている有力者の墓がある。前四世紀前葉（前期末）にはすでに存在した有力者につながる人びとであろう。

原の辻遺跡の有力者の墓は、玄界灘沿岸地域の有力者の墓とは異なる点が二つある。玄界灘沿岸地域の有力者は大型（一メートル前後）の成人甕棺に葬られ、かつ前一〜後一世紀にかけて前漢の大型の鏡を大量副葬されるが、原の辻の墓は箱式石棺墓と土壙墓がメインで、かつ前漢の大型鏡は一枚も見つかっていない。壱岐全体でも前漢の鏡は見つかっていない。

もしこの種の鏡を持つ有力者が一支国にいなかったとすれば、前一世紀後半段階において、一支と末盧《まつろ》（佐賀県唐津市）の有力者と、伊都や奴の有力者との間には階級的な違いが

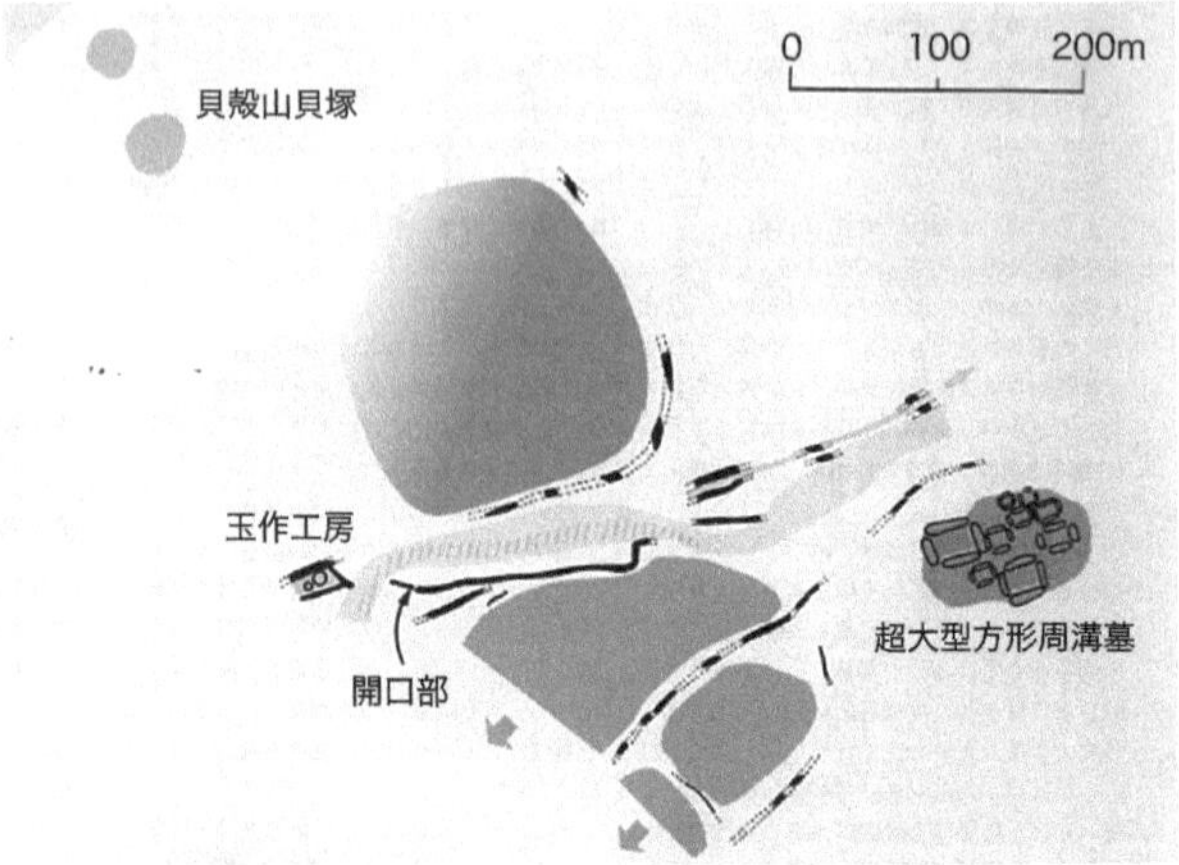

図22　愛知県朝日遺跡の構造（前4〜前3世紀）
（〔愛知県埋文1994〕より引用）

について知ることができる宝物なのである。

水路の堆積物の中から出土した糞石を解析したところ、回虫、鞭虫《べんちゅう》などの卵が見つかった（写真30）。1㎤あたりの量が500個より少ないため、便所の址だったとまではいえないが、水路にまで糞便が流れ込んでいたことがわかる。

寄生虫は、糞便によって汚染された食べ物や飲み水を通して、人の体内に卵が取り込まれることによって活動を開始する。回虫や鞭虫は、宿主である人間を殺すことはないが、コイやフナなどの淡水魚を通じて体内に取り込まれる肝吸虫は、肝硬変を引き起こす怖い寄生虫である。肝吸虫の卵が見つかるということは、朝日遺跡の弥生人が淡水魚を生で食べていたことを示す。

以上のような事実から朝日遺跡にはかなりの数の弥生人が住み、人口集中現象を起こしており、不衛生な状況にあったことがわかる。

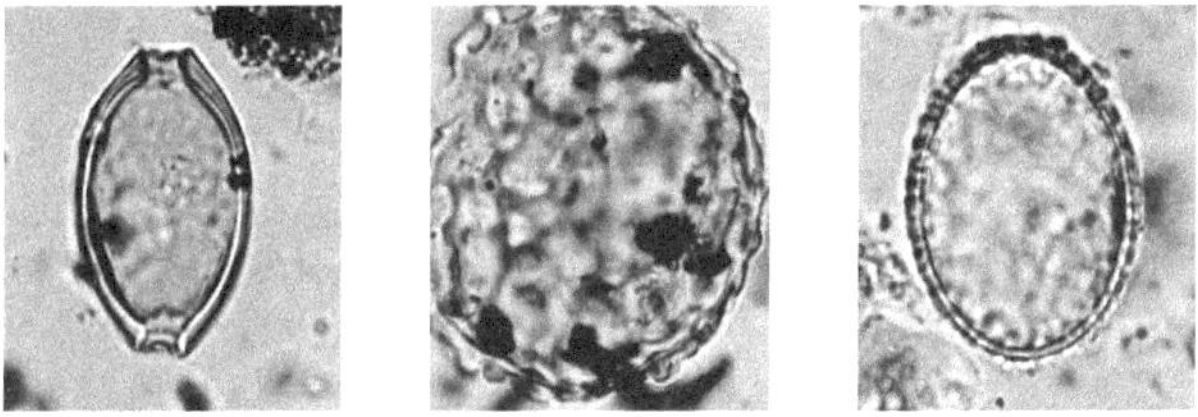

鞭虫の卵　　回虫の卵　　未同定の卵

写真30　朝日遺跡で見つかった寄生虫卵（弥生中期）
〔提供 愛知県埋蔵文化財センター〕

コラム　朝日遺跡にみる環境汚染——生食と寄生虫

名古屋駅前から都市高速に乗って北に向かうこと、およそ15分で清洲ジャンクションに着くが、このジャンクションを造る際に見つかった遺跡が朝日遺跡である（図22）。

多重の壕が見つかった環壕集落として知られる朝日遺跡の壕からは、弥生人が捨てたありとあらゆる生活の道具やゴミが見つかる。土器や石器はもちろん、肉眼では見られない微細な昆虫や植物などの生物資料も見つかっている。

昆虫は種類ごとに生息する環境が決まっているので、昆虫の種類の変遷を見れば遺跡環境の変化を推定できる。朝日遺跡では人や動物の糞便《ふんべん》、腐った肉などの生活ゴミにたかる都市型昆虫のマグソコガネというカブトムシの仲間が大量に見つかるので、朝日遺跡に人口が集中していたことや環境が悪化していたことがわかる。環壕内に溜まっていた水には、下水などの汚濁水が流れ込む水域に多く出現する珪藻《けいそう》類がたくさん含まれていたことから、かなり汚れていたことがわかる。

壕の中からは、糞が化石化した糞石《ふんせき》も大量に見つかった。弥生人が壕をトイレとして使っていた証拠だが、この糞石こそ、弥生人のトイレ事情や食生活、ゴミ処理などの環境問題あることになり、一支の有力者は明らかに数ランク低かったことが予想される。九州北部における有力者のランク問題は三雲南小路遺跡のところでまた詳しくふれる。

弥生人の健康診断

朝日遺跡でみられた人口集中現象は新たな病気を引き起こして弥生人をむしばんだ。結核である。縄文人で結核と診断された人はこれまでいない。結核の病変が骨に痕跡として残る例はきわめて稀《まれ》とはいっても、数千体見つかっている縄文人に、ただの一例も見つかっていないという事実は大きい。

鳥取県青谷上寺地《あおやかみじち》遺跡では、五〇〇〇点をこえる人骨が見つかっているが、結核菌によって脊柱《せきちゅう》が侵されることによって起こる脊椎カリエスの病変をもつ骨が二点確認されている（写真31）。すべての結核患者が脊椎カリエスになるわけではないが、五〇〇〇点中二点の症例が見つかったことは、当時、かなりの頻度で結核感染が広がっていた可能性があると考えられている。

青谷上寺地遺跡を例にすると弥生人の平均寿命は、男性で三〇歳代、女性で二〇歳代であることがわかる。現在は女性の方が長生きだが、当時はお産によって亡くなる女性が多かったことが、女性の平均寿命を短くした原因だったと考えられている。

また眼球がはいる頭骨のくぼみ（眼窩《がんか》）の壁に、細かなくぼみや小孔ができる、貧血を示す証拠といわれているクリブラ・オルビタリアを確認できる人骨がある。

さらに栄養状態が悪く、病気などの大きなストレスがかかったことを示す証拠と考えられている、不規則な溝を歯の表面にもつ人骨も見つかっている。

縄文時代になかった人口集中にともなうストレスにさらされていた弥生人の存在を垣間見ることができる。

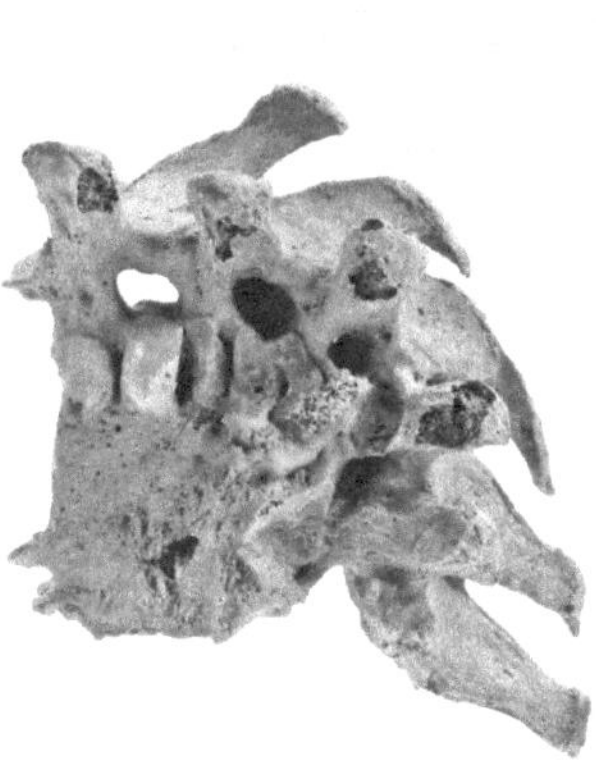

写真31　青谷上寺地遺跡で見つかった脊椎カリエスの症例
〔提供 鳥取県埋蔵文化財センター〕

伊都国王の墓——三雲南小路遺跡

玄界灘沿岸地域の有力者のなかでもっとも多くの大型の前漢鏡を副葬され、かつ墳丘や区画溝などをもつ墓に葬られた伊都国の有力者の墓である、糸島市三雲南小路遺跡を取り上げる。

ＪＲ筑肥線波多江駅で降り、車で一〇分ぐらい南に走ると、緑豊かな田園地帯に今から二〇〇〇年ほど前の王が静かに眠っていた墓

コラム　日本最古のイエネコ？　長崎・カラカミ遺跡

これまで日本猫の祖先は、遣唐使船に乗って中国からやってきたと考えられてきた。経典をネズミの害から守る目的で。ところが、壱岐市カラカミ遺跡の弥生中期の包含層から、仔猫2匹と成猫1匹の計3匹分の骨が見つかった（写真32）。骨の炭素14年代を測定した結果、2140 ± 25 ^{14}C BPという測定値が得られた。この測定値は九州北部の須玖Ⅰ式とよばれる土器型式に多い測定値なので、西暦に換算すると前3世紀ごろということになる。

縄文時代後期にはオオヤマネコという野生の猫がいたことが確認されているが、これまで弥生時代に猫は確認されていなかった。壱岐の北に位置する対馬には、ツシマヤマネコという特別天然記念物が生息しているため、当初はカラカミ遺跡で見つかった猫の骨はツシマヤマネコではないかと考えられたこともあった。骨だけでは区別がつかないからだそうだ。しかし成猫と仔猫が3匹分、見つかっていることや、同じ時期の朝鮮半島金海市会峴《フエヒヨン》里《リ》貝塚からも見つかっていることから、飼われていた猫であるとしてもおかしくないという説もある。

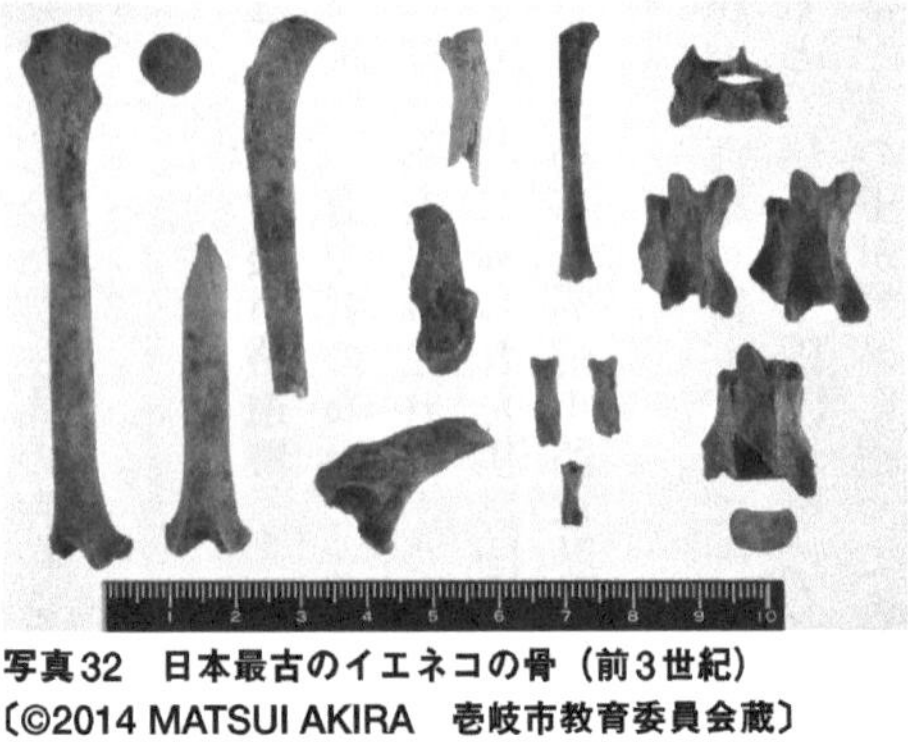

写真32　日本最古のイエネコの骨（前3世紀）
〔©2014 MATSUI AKIRA　壱岐市教育委員会蔵〕

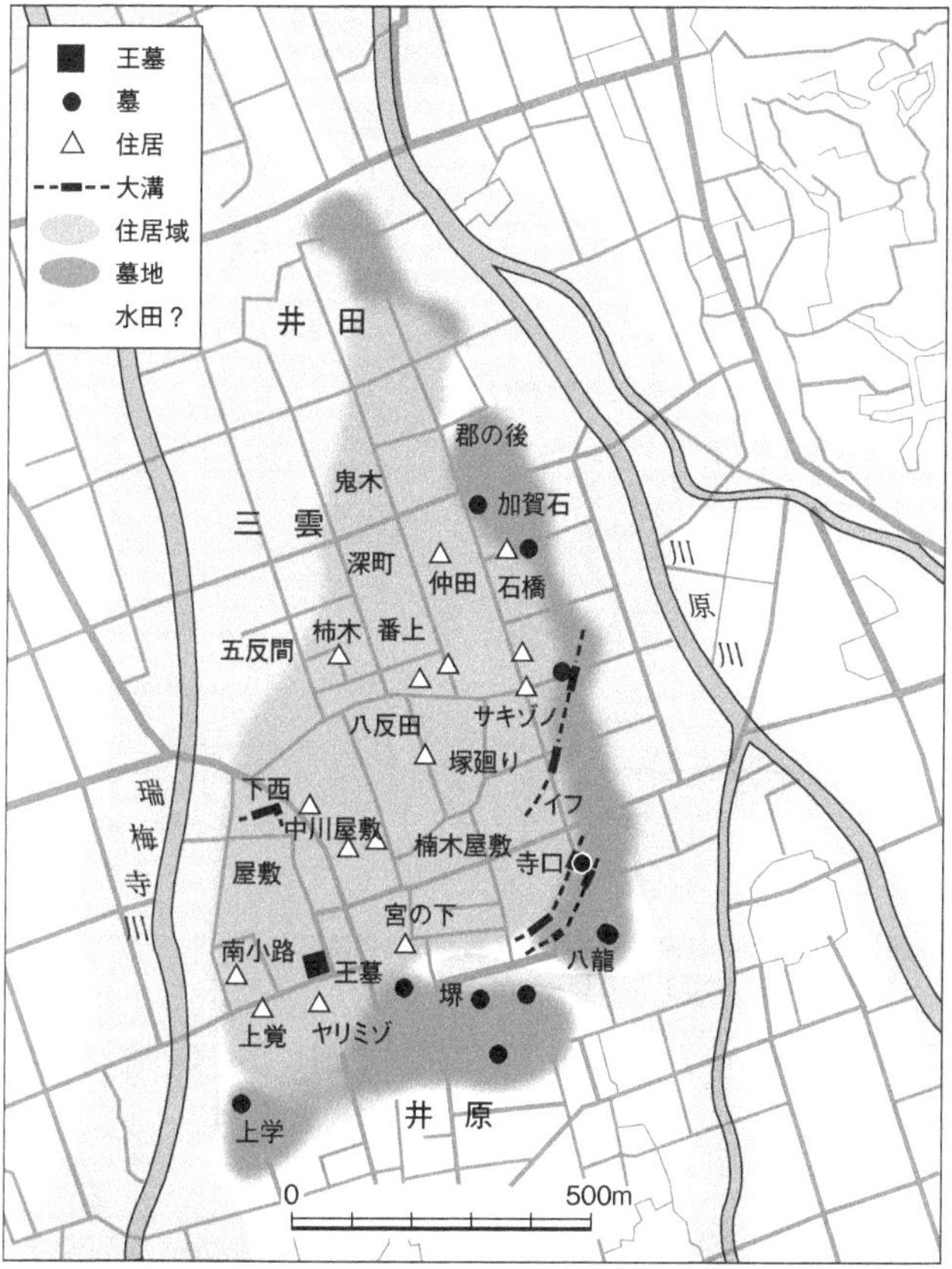

図23　三雲・井原遺跡群の概況図（〔伊都国歴博編2004〕より作成）

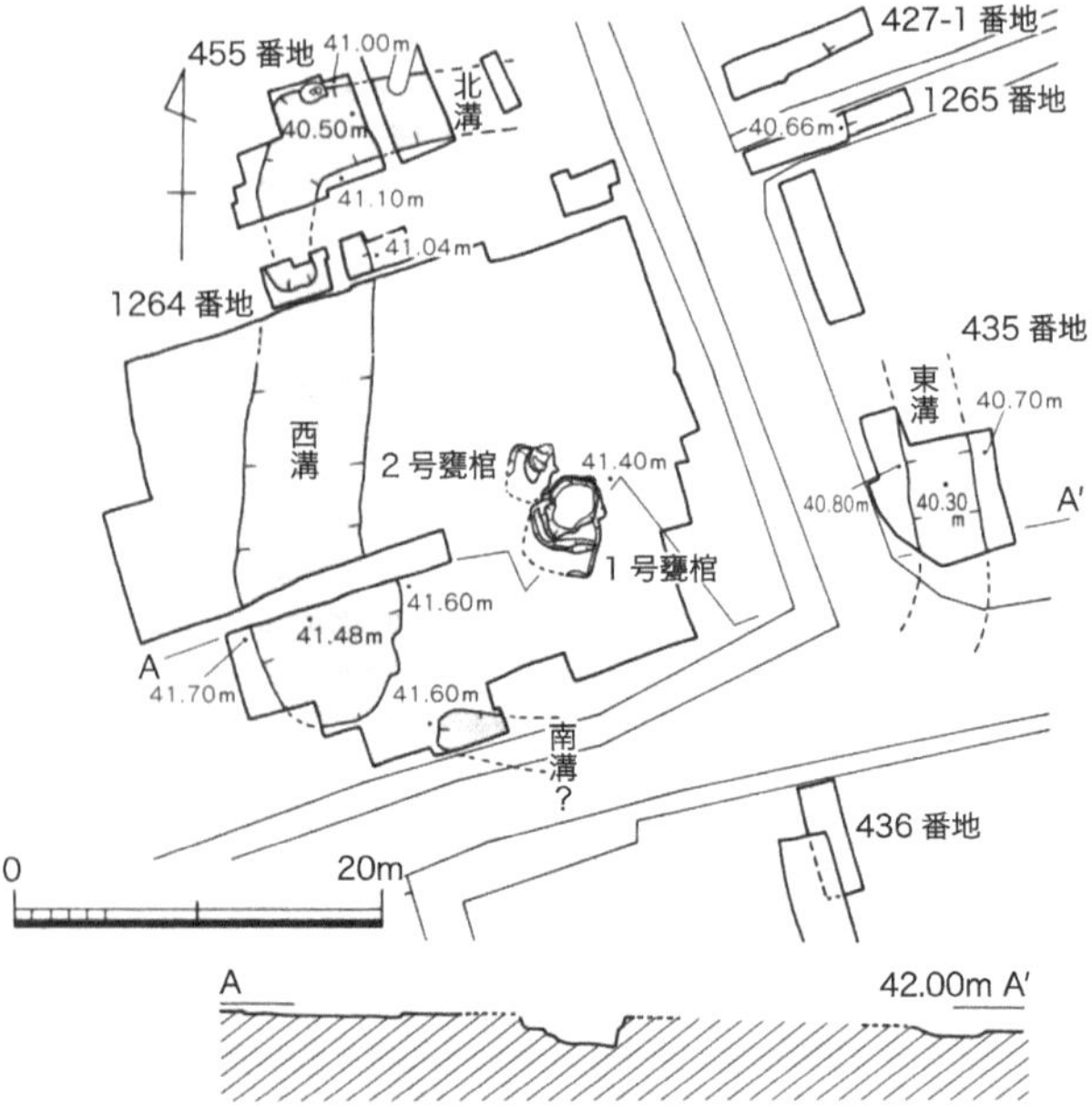

図24　三雲南小路遺跡の遺構配置図と断面概略図
（〔前原市教委2002〕より転載）

がある。江戸時代に発見された、土製の棺である甕棺や大量の副葬品はほとんど散逸してしまったが、一九七四年から始まった福岡県教育委員会や、糸島市教育委員会の調査で明らかになった墓の実態は驚くべきものであった。

被葬者が眠るのは南北二〇〇メートル、東西六五〇メートル、標高三〇～四〇メートル、面積四〇・五ヘクタールに達する丘陵上に広がる、三雲・井《い》原《わら》遺跡群（図23）の南西部に位置する南小路地区。

東西三二メートル、南北三

一メートルの不整方形の墳丘を持ち、幅三・四〜四・〇メートルの溝が墳丘を取り囲んだ区画墓のなかに、二基の大型甕棺が安置されていた（図24）。溝のなかから見つかった土器から、前二世紀（中期後半）を上限として後一世紀後半（中期末〜後期初頭）にかけて、祭祀が行われていたようだ〔前原市教委編二〇〇二〕。

溝のなかには朱のついた土器と石杵《いしぎね》（赤色顔料を精製する道具）も見つかっているので、朱を使ったまつりであった可能性がある〔伊都歴博編二〇〇四〕。

江戸時代に発見された一号甕棺はすでに抜き取られていて、詳細は不明だが、副葬されていた大量の鏡、青銅製の矛、玉類、ガラス製品の数々は、当時の記録から全容と詳細がほぼわかっている〔青柳一八二二〕。

昭和の調査で見つかった二号甕棺は、小型の前漢鏡と多くの装身具が出土し、武器を持っていないことから、后か女性の祭祀関係者と考えられている。

副葬品から見た被葬者の性格

一号甕棺に副葬されていた品々のなかで注目すべきがガラスの璧《へき》、金銅製四葉座飾金具《しようざかざり》、そして三五枚をこえる中国の大型の鏡である。いずれも交易で入手できるものではなく、前漢王朝から楽浪郡を介して直接下賜されたものである。これらの品々をもとに一号

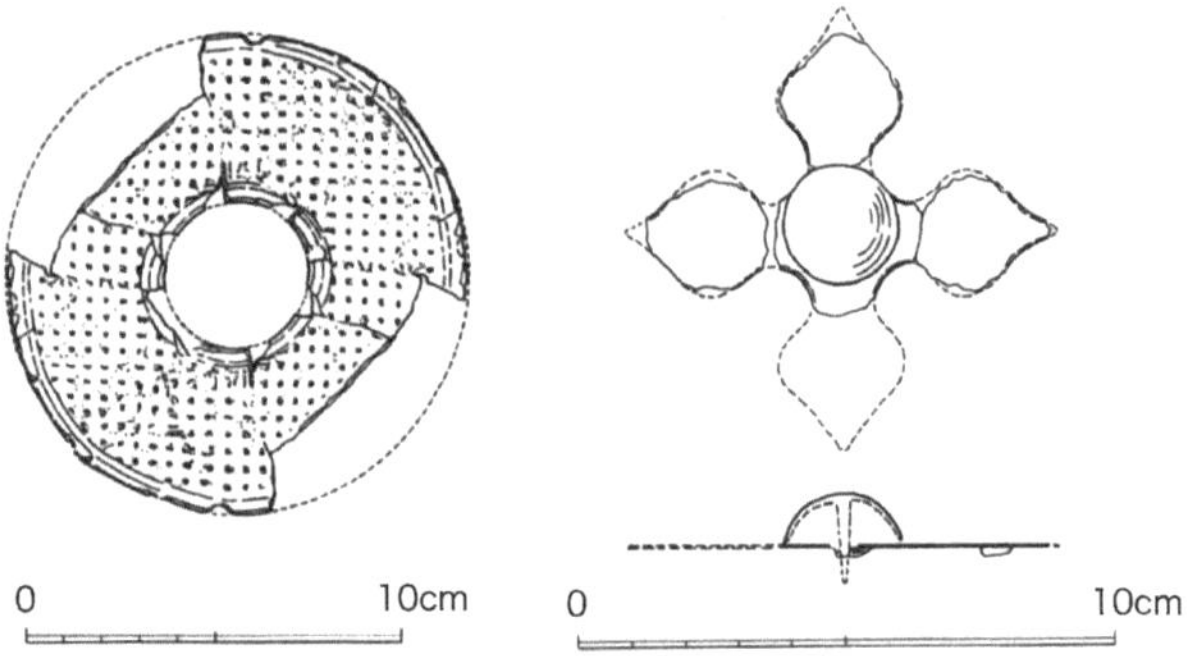

図25　ガラス製璧（左）と金銅製四葉座飾金具（右）
（〔高倉1995〕より引用）

甕棺に葬られていた被葬者の人物像に迫ってみよう。

ガラス製の璧は推定直径約一二・三センチメートル、孔《あな》の径約三・八センチメートルのCD形で、中国国内で出土するものよりも小形である（図25左）〔高倉一九九五〕。漢代には埋葬時、被葬者の頭部に立てかけたり胴部に置いたりして遺骸を永く保つための葬具として用いられた〔高倉一九九五〕。ほかにも時期がわかっている璧が、福岡県須玖岡本D地点墓と同東小田《ひがしおだ》峯《みね》一〇号甕棺から見つかっている。

金銅製四葉座飾金具は、銅板を四葉形に切り抜き、中央部に別に作った半球状の銅器を組み合わせたもので、葉の両端部の長さが約八センチメートルをはかる大型品である（図25右）。本来は漆器や木棺に取り付けられる外装用の金具である。

三五面以上見つかった鏡の内訳を見ると、前漢初期（前二世紀末）に作られたものから、前一世紀第二四半期から第三四半期にかけて前漢で作られた鏡からなり、前一世紀後半代に下賜されている。九州北部で出土した前漢鏡の五〇％弱が一号甕棺から見つかっていることを考えると、ガラス璧や金銅製品もあわせて前漢の下賜品であったことは間違いない。

九州北部における有力者のランク分け

九州北部の有力者たちは、前漢鏡の数と青銅製武器、鉄製武器、装身具の組み合わせによって三つのランクに分かれている（図26）〔高倉一九九五〕〔常松二〇一三〕。

頂点に立つのは三雲南小路一号甕棺や須玖岡本D地点に葬られた人たちで、大量の大型前漢鏡に細形や中細形の青銅武器、ガラス璧やガラス製装身具を持つ。この二人で前漢鏡の七五％以上を副葬されている。

次が福岡県立岩一〇号墓、東小田峯一〇号墓など、大型前漢鏡数枚と鉄製武器を持つ人たちである。装身具を持っていないことから戦闘集団的な性格を持っている。

最後が南小路二号墓など武器を持たず小型の前漢鏡中心で装身具を持つ人である。女性とみられる。

この基準に従うと前漢鏡を一枚も持っていない原の辻遺跡の被葬者は、三雲南小路遺跡

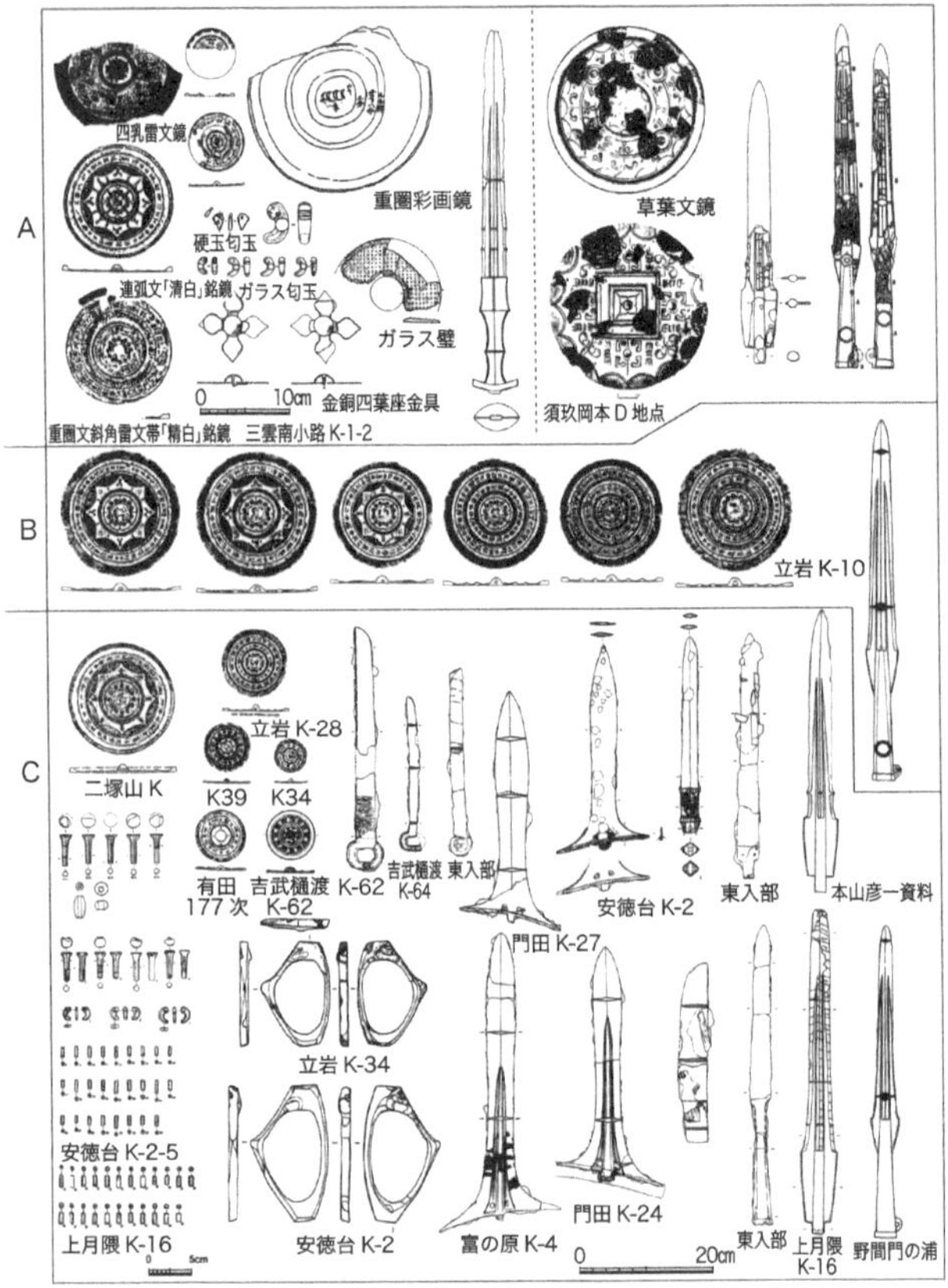

図26 前1世紀の副葬品組成図（〔常松2013〕より引用）

の被葬者よりは二ランク低い位置にあったことになるだろう。

写真33　中里環壕集落の遠景写真〔提供 ㈱玉川文化財研究所〕

3　もっとも遅く始まった水田稲作——関東南部

小田原市中里遺跡

小田原駅を出た上りの新幹線は数分後に西武小田原店の横を通過する。その地下に眠っていたのが中里遺跡である（写真33）。一〇〇棟以上の住居と東海から近畿にかけてみられる方形周溝墓に水田をともなう複合集落で、前三世紀ごろ（中期中葉）に造られた。

この時期には関東南部の各地に水田稲作を本格的に行う遺跡が現れる（埼玉県池上遺跡や千葉県常代《とこしろ》遺跡など）。しかもいずれも東部瀬戸内系の土器を数％含むという共通点を持つ。この時期の関東南部では論文〔森本：2012〕をもとに記述してみよう。

弥生前期末（中期の可能性もあるらしい）の土坑（SK3165）から1981年に石器と石製品14点が密集して見つかり、そのうちの11点が分銅と考えられている（写真34）。

写真の最下列の一番左の石器の重さを1とすると、2倍の石2個、4倍の石3個、8倍の石1個、16倍の石2個、32倍の石2個の分銅がある。森本の計算によれば、6種類の分銅を用いることによって、一番軽い分銅を1単位として、1〜63単位の重さを一単位刻みですべて計算できるという。

この土坑から一緒に出土した石杵には水銀朱が付着していたことから、石杵は朱を磨《す》り潰し粉末にする道具として使われたと考えられている。

写真34　分銅の出土状況と分銅・石杵・砥石
〔提供 ㈶大阪府文化財センター〕

森本はこの分銅の年代について年輪年代をもとに前5世紀から前3世紀の間と考えているが、弥生長期編年にもとづけば前4世紀前葉を上限とするので、中国の戦国時代に相当すると考えられる。

コラム　弥生時代の秤　天秤、分銅　原の辻、亀井遺跡

鉄を求めた倭人が実際に鉄を手に入れるとき、交換するためのコメなどが必要である。その際、鉄の重さを量るための道具として、秤《はかり》が必要になってくる。弥生時代には二種類の秤が見つかっている。竿秤《さおばかり》と分銅《ふんどう》である。

筆者が子供のころは新聞回収のおりに重さを量るには、竿秤が使われていた。三省堂大辞林には、「竿の一端に品物を、他端に分銅をつるして、中間にある支点となる取っ手を持ち、竿が水平になるように分銅を移動させ、釣り合った位置の目盛りを読み、重さを量る」とある。

原の辻遺跡ではその分銅に相当する「権《けん》」が見つかった(図27)。上部の鈕《ちゆう》の部分を欠いていたが、高さ4.3cm、幅3.4cm、重さ150gで釣り鐘状を呈する。

鉛同位体比分析による産地推定の結果、中国後漢で製作された可能性が高いと考えられている。「市《いち》」で使われていたのであろうか。

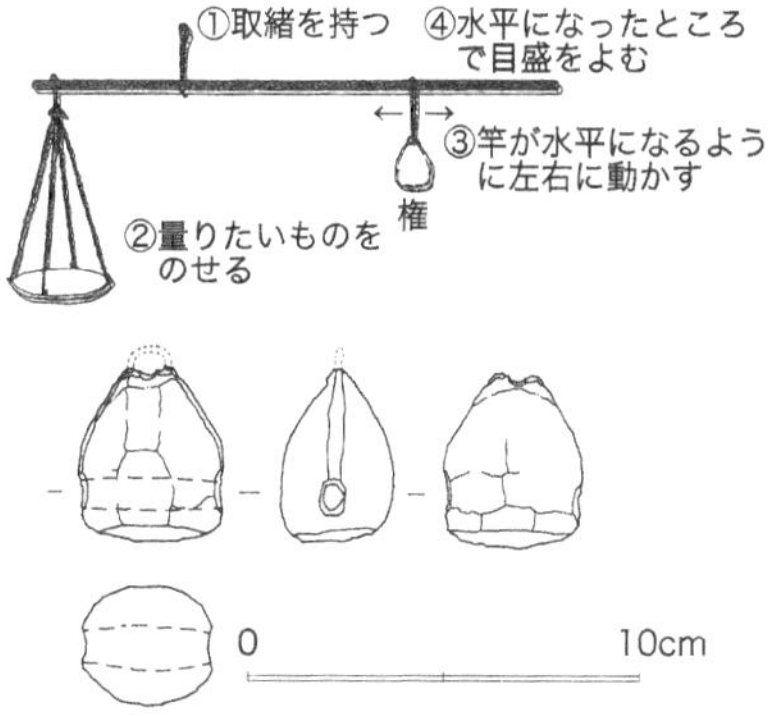

図27　竿秤の重りとして使われた権
(〔宮﨑2008〕より引用)

次に国内最古の分銅は1981年、大阪府の亀井遺跡で見つかっていたものだが、30年あまりたった2012年、奈良文化財研究所の森本晋《もりもとすすむ》の詳細な観察と重量の分析によって、分銅の可能性が指摘されたのである。以下、森本の

何が起こっていたのだろうか。

中里遺跡のある足柄《あしがら》平野の中央部は海岸（太平洋）まで六キロメートルしか離れておらず、前三世紀以前に在来民が暮らしていた形跡はない。在来民は海岸線から遠く離れた上流域の丘陵地帯に小規模なむらを構え、アワやキビを栽培する園耕民であったことがスタンプ痕土器の存在からわかっている。

玄界灘沿岸地域には青銅器文化人が、河内には讃岐の水田稲作民がやってきたことを契機にして、それまで在来の人びとが住んでいなかった平野の下流域に水田が拓かれ、農耕集落が成立した。同様に関東南部にも、東部瀬戸内にゆかりをもつ水田稲作民がやってきたことを契機に、在来民が利用していなかった平野の中央部に水田が拓かれたのだ。

横浜市大塚・歳勝土遺跡

関東南部の代表的な環壕集落として名高い横浜市大塚《おおつか》遺跡は、前三世紀の鶴見川《つるみがわ》流域に現れる。上から見るとカシューナッツのような形をした特徴的な平面形をもつ環壕は、長軸二三〇メートル、短軸一三〇メートルを測り、面積は一・九万平方メートルに達する。後一世紀になるとさらに拡大して二・二万平方メートルに達する。

写真35は歴博で復原した弥生後期の大塚遺跡である。壕は断面が逆台形で、西日本の前

写真35　大塚遺跡復原模型（改修後）〔歴博蔵〕

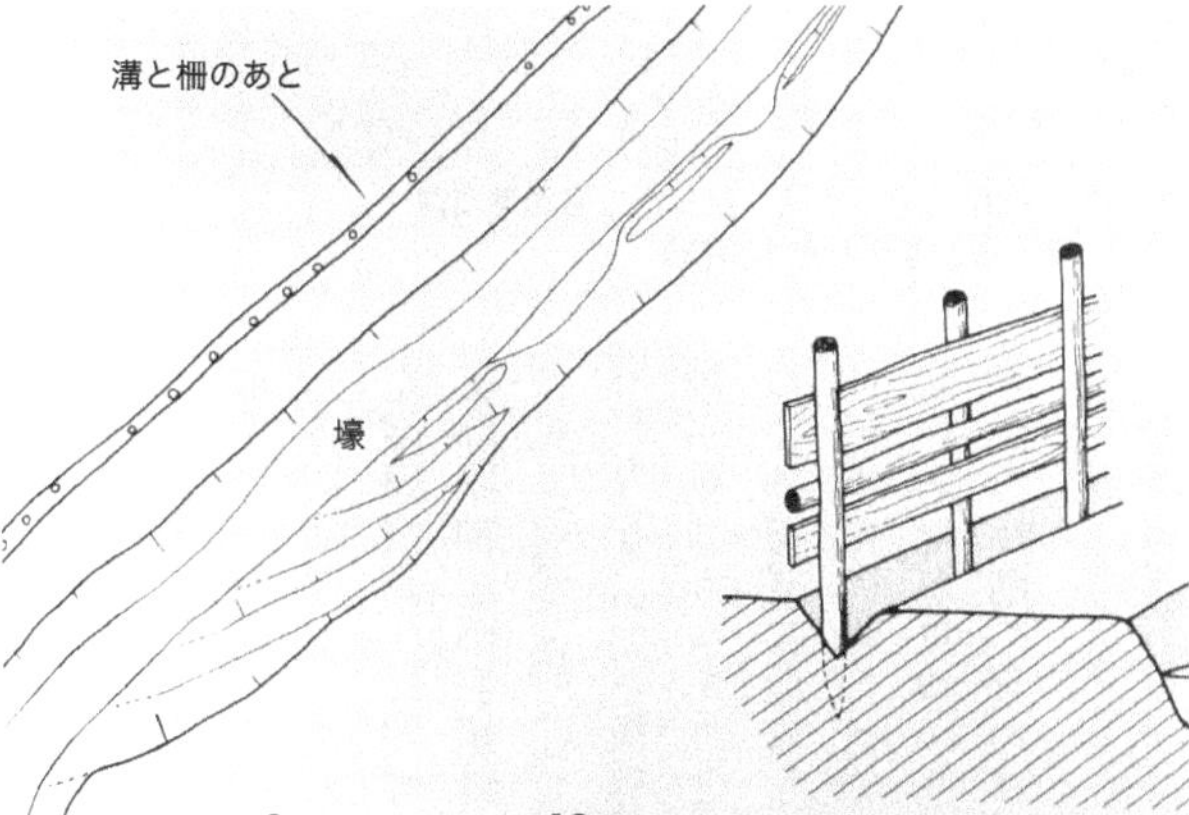

図28　ガードレール方式の柵の復原想像図（〔佐原編1996〕より引用）

写真36　歳勝土遺跡で見つかった方形周溝墓群
〔提供　横浜市ふるさと歴史財団〕

九世紀に現れるV字溝はみられない。掘った際に出た土を壕の外に盛り上げて土塁とし、さらにその上に柵を作る。模型を作った一九九六年当時には、柵は丸太をびっしり並べた復原案が一般的であった。だが、広島県神辺御領《かんなべごりょう》遺跡でガードレール方式（図28）（約一・八メートルおきに杭を打ち、その間を横板数枚でつなぐ）の柵が見つかったことで、二〇一三年にこの方式に改修した。

環壕の内側には総計一一四軒の竪穴住居址が見つかり、分析の結果、五つの時期に分かれていたことがわかっている。

環壕集落から一〇〇メートルほど

離れたところには、大塚遺跡の墓域と考えられている歳勝土《さいかちど》遺跡があり（写真36）、二五基の方形周溝墓が見つかった。

水田稲作が始まると同時に環壕集落が造られている点は、稲作開始と環壕集落の成立との間に一〇〇年ぐらいのタイムラグがある西日本のあり方とは明らかに異なっている。

タイムラグがないということは、水田稲作が始まり集団の再編成が起こってから環壕集落や方形周溝墓が造られる西日本と違って、集団の再編成がすんだ水田稲作民が進出してコメ作りを始めたことを意味しているのだろうか。もしそうなら、それまで分散して居住し、小規模な単位で園耕や祖先のまつりを行っていた中部高地や関東南部社会においては、社会に質的な転換が起こって初めて水田稲作が可能になったことになる。西日本とは明らかに異なる背景のもと、水田稲作が始まったと考えられるだろう〔黒沢二〇〇九〕。

環壕集落の分布

前二世紀までに、東限となる千葉県佐倉《さくら》市付近まで広がった環壕集落が、利根川《とねがわ》を越えて北に広がったことを示す証拠はない。日本海側は後三世紀に北限となる新潟県村上《むらかみ》市山元遺跡まで広がり、ここで続縄文文化の人びとと接触している（図29）。

南の九州地方に目を向けると大隅半島の付け根と熊本県宇土《うと》半島までは確実に広がって

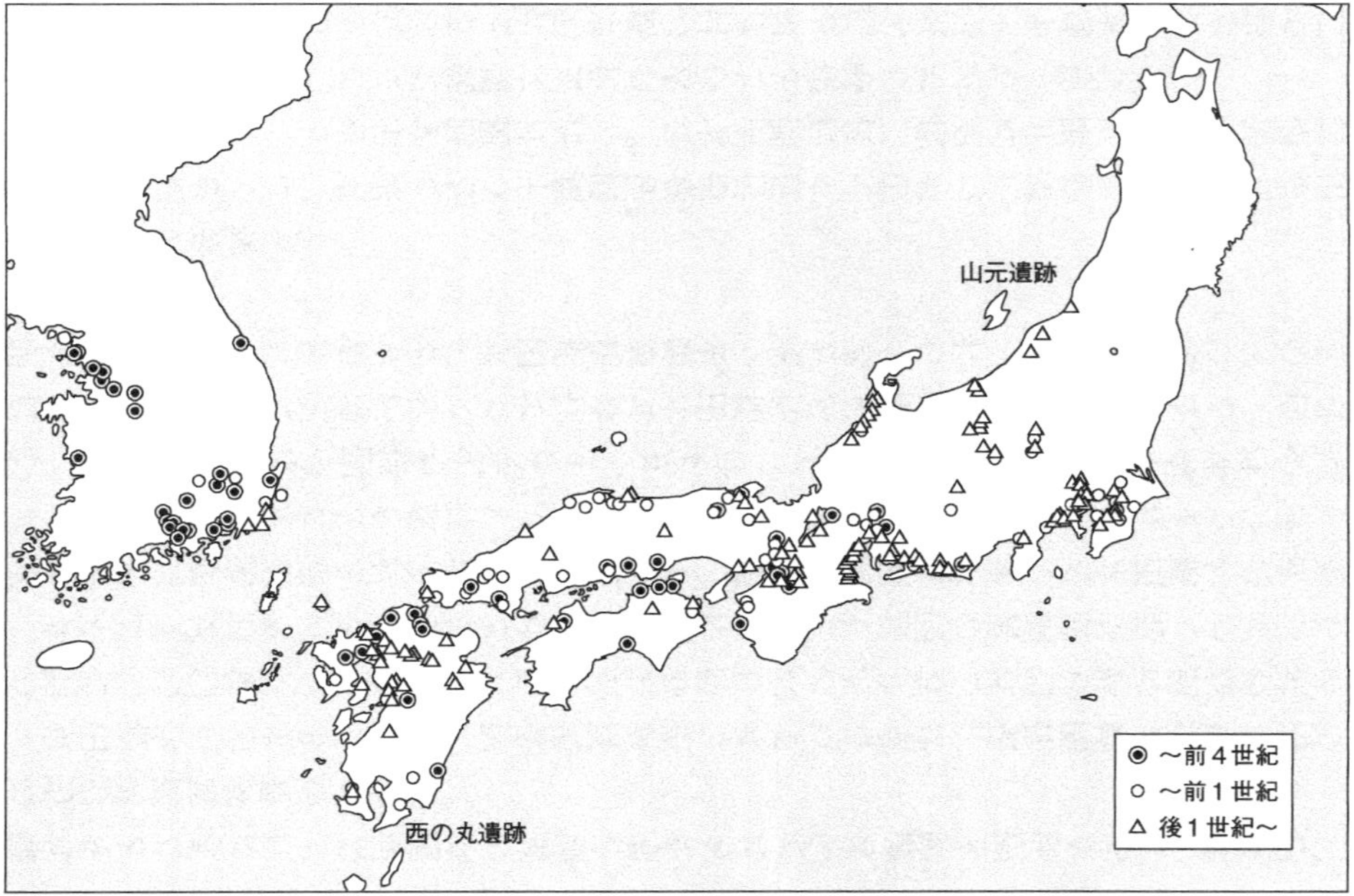

図29　日本列島と朝鮮半島の環壕集落分布（前10～後3世紀）（〔藤尾編2014〕より転載）

いるが、そこから南は資料が断片的で明確に環壕集落といえるものはない。また西は長崎県、北は壱岐が境界である。

4　くにが見えない世界――仙台平野

東北の水田稲作

中部高地や関東南部で水田稲作が始まる前三世紀になると、仙台平野でも本格的な水田稲作が始まる。さすが寒冷地だけに独自の特徴ある水田稲作を行っている。

まず寒冷地仕様の水田から見ていこう。仙台市富沢遺跡は、後背湿地の勾配の小さな、広い平らな土地に小区画水田を造っている（図30）。第一五次調査で見つかった前三世紀の水田址を見てみよう。

最初に基軸畦畔とよばれる大きな畦で方形に区画したあと、区画畦畔とよばれる畦を基軸畦畔に直交するように作って分割する。さらに今度はその中を、基軸畦畔に併行する畦で格子状に画した小区画を作る。これが耕作単位となる。面積は五〜三〇平方メートルである。地下水位が高くて湿潤なので、排水目的の水路を掘って排水している。

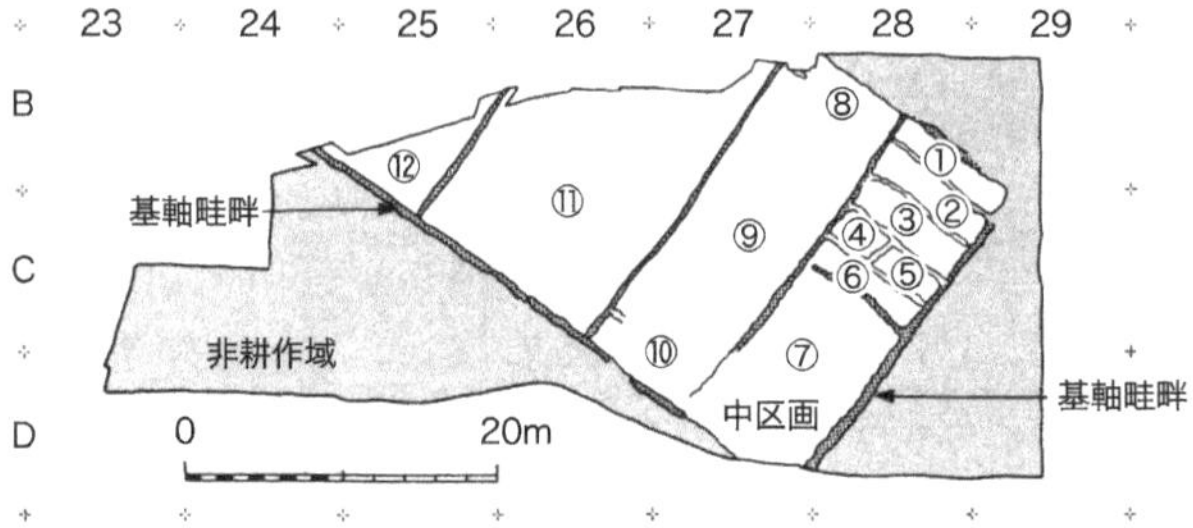

図30　富沢遺跡第15次調査で見つかった水田址の平面図（前3世紀、測点は50mメッシュ）（〔斎野1986〕より転載）

水田に供給する水が冷たすぎないように水温の低下防止を目的とした工夫を凝らし、保温・水温の上昇をはかっている。今のところ朝鮮半島南部や西日本に類例は知られていない。イネの生育期である夏の低温対策だろうか。また後述する青森県垂柳遺跡では休耕田を設けたり、ヒエを作物として加えたりする複合的な水田稲作を行うなど、西日本とは異なった取り組みをみせる〔田崎二〇〇二〕。

ヒエは近世においても救荒作物で、東北の水田には畦にヒエを植えるなど、飢饉に対する備えが行われていた。その起源が弥生時代までさかのぼることがわかる。

農工具

木製農具は機能ごとに必要なものがそろい、しかも未製品も見つかっていることから、仙台平野で製作していたことがわかっている（写真37）。西日本の農具と共通する部分も多く、石庖丁の北限でもある。

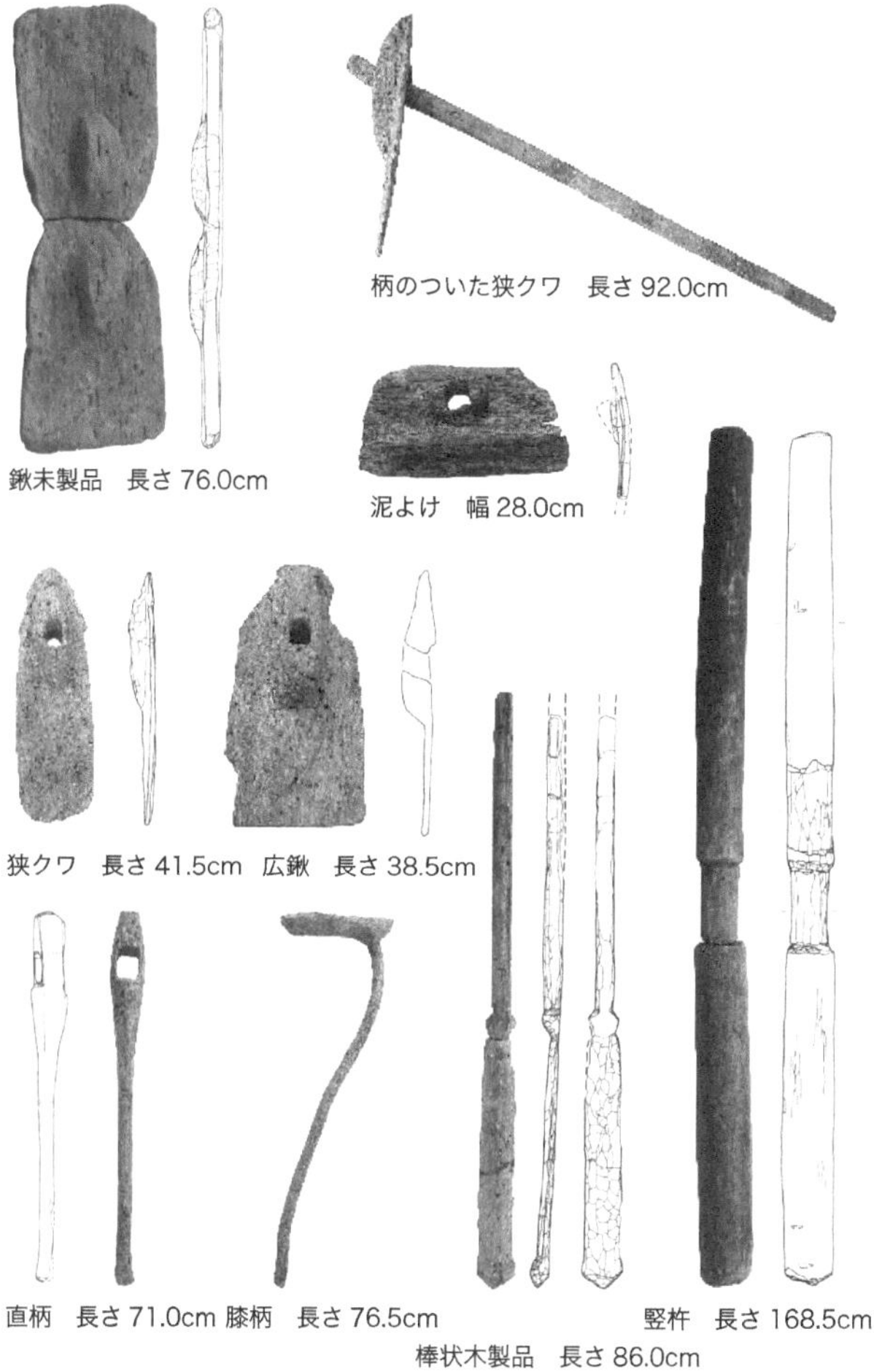

写真37　仙台市高田B遺跡で見つかった前3世紀の木製農具
(〔藤尾編2014〕より転載)

こうした水田稲作関連の農具に加えて、短冊形や撥形《ばちがた》の打製石鍬が出土しているのもこの地域の特色で、水田稲作と畑作が組み合わされた複合的な農耕を行っていたことがわかる。

一方で鉄器が使われていたことを示す証拠は乏しく、海浜部の貝塚を持つ遺跡から鉄銛《てつもり》などの新しい漁撈具がわずかに見つかるにすぎない。仙台平野の鉄器化は二世紀後半以降に始まるようだ。こうしてみる限り、仙台平野における水田稲作や畑作という生業面では、コメ作りを基本とした暮らしが成り立っていたようにみえる。一度始めた水田稲作を途中で止めることもない。では社会面やまつりは弥生化しているのだろうか。

稲作社会とまつり

仙台平野に限らず東北地方では、多くの住居が集住するような遺跡が見つかっていない。もちろん環壕集落も見つかっていない。これは社会面に質的変化が起きていなかった可能性を示す。また有力者が登場しているような証拠もない〔宮城県二〇一二〕。唯一、弥生的な要素といえば、板付遺跡や大塚遺跡で見たのと同じように居住域と墓域が分離している点である。方形周溝墓は見つかっておらず、縄文時代以来の再葬墓、土器棺墓、土壙墓中心の墓制である点は、祖先祭祀の単位が小規模なまま変化していないことを示す一方で、居住域と墓域の分離は祖先との関係が縄文とは異なる新しい局面にすでに入っていることを示している。

このように、社会面に弥生的な要素と縄文的な要素が相半ばする状況はまつりの面にもみることができる。仙台平野では、後述する前三世紀の青森のように土偶のまつりを行うことはない。かといって弥生のまつりを行っていたという形跡も現状では認められない。

以上のように生業、社会、まつりといったすべての側面に、縄文と弥生両方の要素をみることができる仙台の水田稲作文化を、どのように理解すればいいのだろう。

縄文と弥生両方の要素を見せながら、農耕社会が成立することもなく水田稲作を継続し、やがて西日本にそれほど遅れることもなく前方後円墳を造る仙台・大崎《おおさき》平野。それは水田稲作の発達が農耕社会を成立させ、有力者を生み出し、集団統合の先に祭祀と墓制を同じくする前方後円墳の成立に至ると叙述してきた日本考古学が予期しなかった展開だ。ここに関東以西とはまた別の、古墳時代への道のりがある。

このような独自の水田稲作文化は、弥生文化の一類型とするべきなのか、それとも別の文化としたほうがよいのだろうか。筆者は今のところ別の文化と考えている。

5　水田稲作をやめた人びと——青森・垂柳遺跡

田舎館村垂柳遺跡

砂沢遺跡の人びとが十数年続けた水田稲作を止めてから、しばらくの間は青森県内で水田稲作が行われた形跡は認められないが、前三世紀になると再び水田稲作が始まる。田舎館村にある垂柳遺跡である。

人びとはそれまで生活の拠点にしていなかった扇状地の傾斜面にある低湿地に生えていたハンノキの自然林を切り拓き、小河川、湿地、微高地などの微地形をたくみに利用して水路や貯水施設を備えた水田を造った。総面積、四〇〇〇平方メートルに達するが、一区画は三〜二三平方メートルの小区画水田である（写真38）。

砂沢遺跡の水田が在来民の土地の目と鼻の先に造られていたのとは対照的で、平野の真ん中にある垂柳遺跡に立って遠方の山並みを見たとき、筆者は奈良県の唐古・鍵遺跡からみた遠方の景観に似ているなあ、と感じたことを覚えている。

中里遺跡で見たように、それまで小規模な単位で分散して暮らしていた在来の人びと

写真38　垂柳遺跡で見つかった水田の址（前1世紀）
圃場整備後の現在の水田（下）面積に比べて一区画が小さいことがわかる
〔提供　田舎館村教育委員会〕

が、集団を統合して水田稲作に取り組んだのであろう。青森における本格的な水田稲作の始まりである。彼らの暮らしぶりを見てみよう。

土器・農工具

土器は砂沢と同様、縄文以来の装飾や文様を強く残した在来系に、会津盆地で作られて持ち込まれた可能性がある壺（写真39）などを組み合わせたものである。砂沢には見られなかった大陸系磨製石器を持つが、北海道の製作技術である擦《す》り切《き》り技法で作られた扁平片刃石斧が一点見つかった程度で、西日本系の大陸系磨製石器がセットで見つかっている仙台平野とは、明らかに趣を異にしている。剝片石器は砂沢と同様、形、材質、供給体制とも以前からあるものである。農具は舟形隆起を持つクワが一点出土していて、仙台平野のクワとの共通性を持つ。

このように垂柳遺跡で使われていた農工具類は、砂沢と共通する部分をもちながらも、仙台平野や会津盆地、また北方系の石器製作技術など、南や北の影響を受けていた。

竪穴住居や墓は見つかっていないので、どういう社会だったのかはわかっていない。まつりについては、東北でもっとも新しい土偶が出土していることから、土偶のまつりを行っていた可能性がある。砂沢の廃絶以降も土偶のまつりは続いていたのだ。また北方系の要素として、続縄文文化前期の恵山文化の特徴であるクマの装飾が施された木製品が出土している。

垂柳の人びとは、およそ三〇〇年間にわたって水田稲作を続けたが、前一世紀に起きた大洪水によって水田が埋没したのを契機に水田稲作を止めてしまう。これを最後に東北北部からは水田稲作を行う人びとは姿を消してしまい、その穴を埋めるように北海道から続縄文文化が南下。この地で再び農業が始まる古代まで、採集狩猟文化の世界となる。一度始めた水田稲作を途中で完全に止めてしまうのは、東北北部の人びとだけである。

写真39　会津系の壺
〔原品 田舎館村教育委員会蔵〕

東北北部の水田稲作文化の特徴

仙台平野の水田稲作文化は、生業、社会、まつりの面に縄文と弥生両方の特徴をみせていたのに対して、東北北部の水田稲作文化は縄文の特徴を根強く残す点が特徴であった。特に土偶のまつりを継続している点と、水田稲作を途中で止めてしまう点に最大の特徴がある。

確かに砂沢とは違って、垂柳では独鈷石や十字形石器などの縄文以来のまつりの道具は途絶えているし、土偶にものど仏を持つ男性の土偶が現れるなど、女性を表すことが一般的な縄文の土偶が変容していることも事実である。水田稲作の元手となる水田という不動産を子や孫に引き継いでいく際、父系の世襲が重視されるようになったことをうかがえないこともないが、やはり水田稲作と土偶が両立できている点が重要だ。

四国東部から大阪湾沿岸にかけての地域では、本格的な水田稲作が始まる前までは石棒が認められるが、前六世紀に環壕集落が成立して農耕社会が成立すると石棒が完全に姿を消す点とは対照的である。

また農耕社会が成立していなくても、弥生化の兆しが一部に見られる仙台平野に、縄文の強い伝統を残すまつりの道具が残っていないことを考えれば、青森のまつりには弥生の兆しさえも見えないことと、縄文のまつりの道具を残したこととは無関係ではないだろう。

つまり、縄文のまつりの道具を少しでも使っているところでは、社会面に弥生化の兆しが見られないのだ。社会が質的に変化すると縄文のまつりは残ることができない、ということを意味しているのかもしれない。

小規模な集団に分かれ、土偶や石棒を使った祖先のまつりを行っていた中部高地や関東南部の人びとが、労働集約性の高い水田稲作を始めるためには、その前提として集団の統合を必要とした。統合されると、土偶や石棒のまつりは姿を消した。

土偶のまつりが行われていない仙台平野では、集団を再編成して統合した上で水田稲作に取り組んだことが、居住域と墓域の分離という弥生化の兆しにつながった。しかし青森では、そうした質的な変化をすることなく水田稲作を行ったことが、土偶のまつりと水田稲作が共存する要因となったと考えられる。

そうはいっても四〇〇〇平方メートルもの水田を未開の地に切り拓くのに、集団の再編成なくして取り組めたのか？　と問われれば、疑問が残らないではないのだが。

そして東北北部のもう一つの特徴が、いったん始めた水田稲作を止めてしまうことだ。垂柳は洪水が原因で廃絶されたが、洪水にあっていない別の場所で続けるのではなく、青森全体で水田稲作を行わなくなるのである。原因は寒冷化だといわれているが、それだけでこうした現象が起こるのだろうか。

寒冷化説への疑問

なぜなら、同じ東北でも仙台平野では水田稲作が続いているからである。たしかに仙台は青森よりも南にあるので、寒冷化の程度は青森に比べれば緩かったのかもしれない。しかし、対馬暖流が沖合を流れる日本海側の弘前《ひろさき》地域と、山背《やませ》が吹くと冷涼な夏になって不作になりやすい太平洋側の仙台では、寒冷化の程度は同じという研究結果もある〔斎野二〇〇五〕。冬の寒さが稲作に与える影響よりも、イネの生育期である夏に気温が上がらないことの方がイネには重大な影響を与えるからだ。夏の気温という点に関してみると、寒冷化説は仙台の方がよりあてはまると言えるだけに、青森で水田稲作が行われなくなる原因を寒冷化説に求めることはむずかしい。別の要因が考えられる。

社会的要因

筆者は水田稲作を行う目的が違っていたことにその原因があるのではないかと考えている。先述したように、朝鮮半島の青銅器時代前期における遼寧式青銅器文化にとって、水田稲作とは、遼寧式銅剣や鏡などの青銅器を至高の祭器として崇め、社会統合の象徴とする社会を支える生産基盤であった。その社会の実現を目指して水田稲作をいったんスタートさせてしまうと、拡大再生産の名のもと、この動きを止めることは出来ない。水田稲作は目的ではなく、そうした社会を造り維持していくための手段だったのだ。

環壕集落を造った人びとは水田稲作が目的ではなく手段であることを知っていたから、何があっても水田稲作を止めることはなかったのだ。

一度始めたら止められない水田稲作。ゆえに水田稲作を始めるためには覚悟が必要だ。退路を断ち、もう後戻りできないという覚悟で取り組まなければならないのだ。

仙台平野は農耕社会や弥生のまつりの存在こそ明確ではないが、剝片石器の石材の確保にあたっては縄文後・晩期以来の供給体制を解消しているし、また木製農具を一式丸ごと受け入れて自ら生産している。縄文のまつりを引き継いでもいない。

ゆえに前二世紀に起きた三・一一クラスの大地震にともなう大津波で壊滅的な打撃を受けた仙台市沓形《くつかた》遺跡の人びとは、水田稲作を止めることはなかった。別の地点で続け、古墳前期には脱塩がすんだ元の土地に戻って再び水田稲作を行っているのだ。

一方、青森の人びとは水田稲作を始めるにあたって、もとから自分たちが持っているものでできるだけまかなおうという基本姿勢を貫いている。剝片石器の石材を得るための供給体制は、縄文後・晩期以来の仕組みを踏襲、退路を断たずに水田稲作を始めた。もし水田稲作がうまくいかなくても元に戻れるように安全装置を利かしたまま。

退路を断った仙台と、いつでも戻れる青森。この違いが何か困難に直面した際に対応の違いとなって現れたのではないだろうか。青森の人びとにとってコメとは単なる食料の一つでしかなかったのかも知れない。手段ではなくコメを得ること自体が目的だった可能性がある。

交換財としてのコメを手に入れることが目的で水田稲作を始めた可能性を説く研究者もいる〔高瀬二〇〇四〕。その場合には、コメが交換財としての役割を失えば稲作は必要なくなるので、止めてしまうということになるだろう。

利根川より北の水田稲作文化とは

以上、東北中部、東北北部の水田稲作文化を見てきた。東北中部には、農耕社会が成立していた確実な証拠は見られないが、一部に弥生化の兆しが認められ、水田稲作を止めることなく、西日本とほぼ同時期に前方後円墳を築造する。

片や東北北部は、弥生といえるものは水田稲作以外にはなく、しかもそれも途中で止めてしまい、前方後円墳を造ることもない。

いずれの地域も水田稲作が始まり農耕社会が成立して、有力者と階層差が生まれ、むらとむらが統合され、やがてくにが成立し、古墳が造られるという弥生から古墳への図式が当てはまらない地域である。群馬を除く関東北部と東北中・南部は社会やまつりの質的変化もないという、いわば中抜けで古墳を築造し、東北北部は採集狩猟生活へと後戻りしてしまう。

これらの事実は、古墳の築造や古墳時代の始まりが、経済・社会的な発展段階上にあるのではなく、きわめて政治・祭祀的な現象であることを示唆している。この問題は、第五章で再度議論する。

もう一つ考えておく必要があるのは、中抜けして古墳を造る水田稲作文化や、後戻りする水田稲作文化を、弥生文化の一類型とするのか、それとも別の文化と位置づけるのかという点である。東北北部の水田稲作文化を西日本と同じ弥生文化に含めない研究者はこれまでにもいたが〔藤本一九八二〕〔鈴木二〇〇九〕、仙台や茨城についてはそれほど議論の対象になったことはない。この問題は弥生文化とはなにか、を議論するエピローグで再び取り上げることになる。

【参考文献】

青柳種信『柳園古器略考』一八二二
李昌熙「金属器をめぐる勒島交易」（『海洋交流の考古学』四五～五二頁、第一一回九州考古学会・嶺南考古学会合同考古学大会、二〇一五）
伊都国歴史博物館編『伊都国歴史博物館常設展示図録』二〇〇四
井上主税「勒島遺跡衰退の歴史的背景」（『古代文化』六四―二、八〇～九七頁、二〇一二）
黒沢浩「墓と階層――東海・中部・関東」（『弥生社会のハードウェア』弥生時代の考古学六、一七一～一八八、同成社、二〇〇九）

斎野裕彦「水田跡の構造と理解」（『古代文化』五七―五、四三～六一頁、二〇〇五）
鈴木信「続縄文文化と弥生文化」（『弥生文化の輪郭』弥生時代の考古学一、一二九～一四七頁、同成社、二〇〇九）
高倉洋彰『金印国家群の時代』青木書店、一九九五
高瀬克範『本州島北東部の弥生社会誌』六一書房、二〇〇四
武末純一「三韓と倭の交流――海村の視点から」（『国立歴史民俗博物館研究報告』第一五一集、二八五～三〇六頁、二〇〇九）
田崎博之「日本列島の水田稲作――紀元前一千年紀の水田遺構からの検討」（『東アジアと日本の考古学Ⅳ』、七三～一一七頁、同成社、二〇〇二）
常松幹雄「墓と副葬品からみた北部九州の弥生社会」（『自然と遺跡からみた福岡の歴史』一八四～一九九頁、福岡市、二〇一三）
馬場悠男「骨からわかる生活」（『縄文vs弥生』七四～八〇頁、読売新聞東京本社、二〇〇五）
藤本強「総論」（『縄文文化の研究』六、四～七頁、雄山閣、一九八二）
前原市教育委員会編『三雲・井原遺跡Ⅱ』前原市文化財調査報告書第七八集、二〇〇二
宮城県教育委員会編『宮城の遺跡一〇〇』二〇一一
宮﨑貴夫『原の辻遺跡』同成社、二〇〇八
森本晋「弥生時代の分銅」（『考古学研究』五九―三、六七～七五頁、二〇一二）

第五章　弥生後期（一世紀〜三世紀）　古墳時代への道

1　奴国の中心——比恵・那珂遺跡

歴史像を書き換える

一世紀後半、本州・四国・九州の大部分は弥生後期社会に突入する。もともと石器から鉄器へ転換する時期として設定された弥生後期は、鉄器の普及と墳丘墓から前方後円墳への成立過程という、二つの考古学的な視点を軸に描かれてきた。

鉄器の普及という経済的な現象と、墳丘墓から前方後円墳へという墓制の変化は、もともと別々の現象であって、鉄器が普及したことが前方後円墳の成立に結びつくわけではない。しかしここ五〇年の古墳成立論は、この二つを直接関連づけて進められてきた。

本章は、経済的な現象と墓制の変化を直接結びつけることなく、前方後円墳が成立する過程を考えるようになってきた近年の研究動向に沿って、古墳時代への道を叙述する。

まず、前半は倭人伝に登場する奴国の中心的な遺跡の一つと考えられている福岡市比恵・那珂遺跡群を取り上げ、もはやむらの範疇を越えて、まちとでも表現できそうな遺跡群の姿を具体的に捉える。

一方で弥生後期の農村の代表格としてこれまで教科書に取り上げられてきた静岡市登呂遺跡の近年の調査成果をもとに、東日本の弥生後期のむらを叙述する。

次に倭人伝に描かれた三世紀の倭人の暮らしを衣食住を中心に、佐賀県吉野ヶ里遺跡の調査成果をてがかりに概説する。

後半は、これまでの弥生後期社会を描く最大の鍵とされてきた鉄の問題を取り上げる。後期を通じて鉄器出土量一位の座を譲ることがなかった九州北部、三世紀になるまで鉄器の出土量が増えない近畿中央部の状況から、これまで述べられてきた鉄をめぐるイメージを改め、弥生時代から古墳時代へといたる鉄問題を説明する。

最後に、前方後円墳成立と古墳時代の始まりについて叙述する。

吉野ヶ里と比恵・那珂

弥生後期の遺跡といえば、登呂遺跡や吉野ヶ里遺跡をイメージする読者が多いことだろう。登呂遺跡は、東日本の平和的で明るい農村、吉野ヶ里遺跡は邪馬台国が見える九州北部の弥生むらとして紹介されてきた。

一方、当時の先進地である玄界灘沿岸地域、特に金属器やガラスの一大生産地でもあり、さらに国内外の交流ネットワークの拠点で弥生後期における奴国の「王都」と呼ばれることもある比恵・那珂遺跡群の具体的なイメージが示されることは少なかった。

比恵・那珂遺跡群のある博多区界隈は戦前より早くから市街化が進んだため、すでに遺構が破壊されてしまっていたり、狭い面積での調査が細切れで行われたこともあって、吉野ヶ里のようにひとつの遺跡としての全体像を示すことが具体的にできてこなかった。

しかし二〇〇〇年代になると、比恵・那珂遺跡群の調査に直接携わっている福岡市教育委員会など福岡の若い人たちよる復原案〔吉留一九九九〕〔久住二〇〇八〕〔森本二〇一一〕〔辻田二〇一三〕が少しずつ示されるようになってきた。そこでそれらをもとに、奴国の中心的な遺跡の一つである比恵・那珂遺跡群を取り上げ、玄界灘沿岸地域における弥生後期のまちと表現されることもある遺跡の姿を描いてみよう。

では、この遺跡群に水田稲作民が登場する前九世紀後半（弥生時代早期後半）から、衰退する後三世紀後半（古墳時代前期前半）までの遺跡群の変遷を見ていこう。

比恵・那珂遺跡群の成り立ち

第二章で述べたように、比恵・那珂遺跡群の歴史は前九世紀に日本最古の環壕集落（那珂三六次）が造られることによって始まる。

しかし前七世紀に環壕集落が廃絶してからの約六〇〇年間は、遺跡群がのる丘陵の縁辺

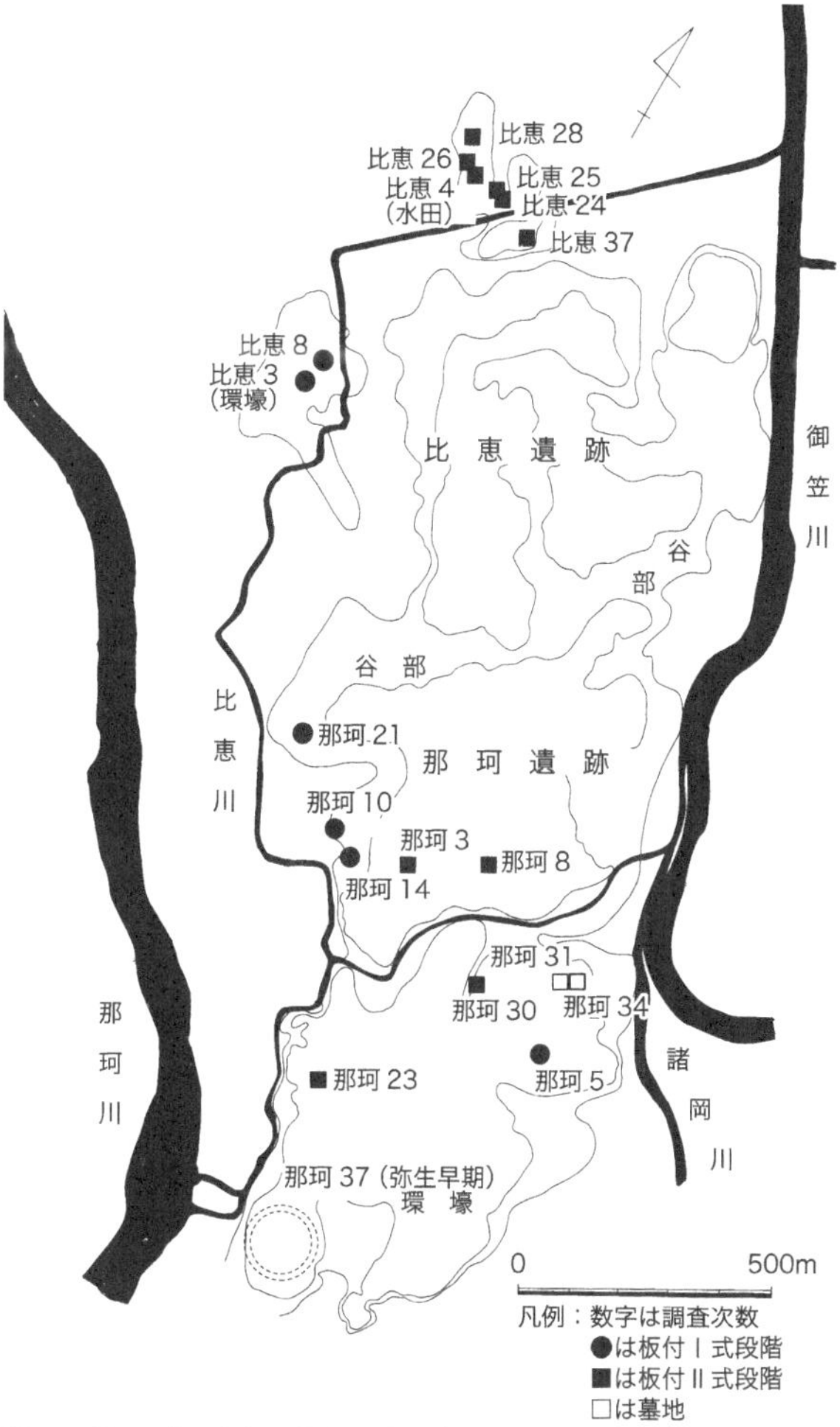

図31　前9〜前5世紀の比恵・那珂遺跡群

部に暮らしの跡が認められる程度であった（図31）。前四世紀までの福岡平野の中心は、丘陵の東側を流れる諸岡川《もろおかがわ》の約一キロメートル上流にある板付遺跡にあり、前四世紀中ごろには青銅器を副葬する有力者の墓が初めて福岡平野に現れる。板付田端遺跡である。

比恵・那珂遺跡群に有力者の墓が現れるのは板付田端遺跡よりも少し遅い前三世紀（中期前半）のことで、特定の墓を他の墓と区別するように溝や墳丘などで区画した区画墓が比恵・那珂両地区に現れる。被葬者は、それまで丘陵の縁辺部で暮らしていた人びとを、丘陵中央部へ進出・拡大させた人物で、いわゆる「集住」化を実現した人物と考えられている。区画墓には、二五×四五メートルの規模を持つものや細形銅剣を副葬されたものがある。

前二世紀（中期後半）以降、板付遺跡の衰退とともに福岡平野の中心は比恵・那珂遺跡群に遷《うつ》り、前二世紀、後一世紀、後三世紀と三回にわたる計画的なまち造りが行われ、三世紀終わりごろ（古墳時代前期前半）に衰退するまで、福岡平野における列島内外との交流の中心の一つであり続けた。まさに奴国の中枢にふさわしい遺跡といえるだろう。

最初の計画的配置

前二世紀（弥生中期後半）になると、比恵・那珂の丘陵上に、運河と道路を基軸にして住居や倉庫などが計画的に造られるようになる。丘陵上には「比恵の大溝」と呼ばれている幅五メートル、深さ二・五メートルの、断面が逆台形の大溝が、南の四六次から北の三五次にかけて全長九〇〇メートルにわたって掘削され、その平面はクランク状の矩形《くけい》をなす。大溝の両側には竪穴住居がなく掘立柱建物群や高床倉庫群が配置される〔図32〕。

比恵地区の居住域には住居面積を異にする三つのブロックが認められ、「階層的秩序」をもつ住居が造られたと考えられている。また那珂地区には中・小型の住居群からなるブロックが認められる。比恵中央部を上位とする比恵・那珂遺跡群全体の階層的秩序が形成されていたと考えられている〔吉留一九九九〕。

増えた人口を支えるための飲料水確保も急務であったと思われ、前二世紀以降、多数の井戸が掘られている。

三キロメートル南に離れた須玖・岡本遺跡群ほどではないものの、青銅器やガラスの生産も前三世紀（中期中ごろ）から始まっており、とくに前二世紀から後一世紀（中期後半〜後期初頭）の間、比恵中央部と那珂の四つのエリアに分かれて青銅器生産が行われていた。

鉄器の出土量も他の遺跡を圧倒しており、とくに鉄製クワ先の着装率は一〇〇%をほこっている。鉄製クワ先こそが水田を拓く際に威力を発揮する鉄器であり、生産力の増加を可能としたことの直接の証拠となる。鍛冶炉こそ見つかっていないものの、鉄素材と考え

図32　前2〜後1世紀の比恵・那珂遺跡群（〔久住2008〕より作成）

られている板状鉄製品も出土していることから、鉄器が製作されていたと推測される。

三雲遺跡と那珂遺跡でしか見つかっていない中国南部産の辰砂《しんしゃ》や朝鮮半島系の土器など、長距離交易で入手した文物も出土している。

人びとの暮らしを支えた水田稲作は、前三世紀から紀元前後にかけて開発された、大規模な灌漑施設をもつ水田で行われている。

したがって前二世紀から後一世紀にかけての比恵・那珂遺跡群は、丘陵上には計画的に設計された道路、運河、倉庫群、階層ごとに分かれた住居群、金属器工房が配置され、各所に造られていた水田でとれるコメが、人びとの暮らしを支えていた。また有力者の墓と考えられる区画墓が比恵と那珂に一ヵ所ずつ存在することから、前三世紀には有力者層によって統括された、より高度な首長制社会と地縁的社会が成立していたと考えられている〔久住二〇〇八〕。

第二期の計画的配置

一世紀後半（弥生後期）になると比恵・那珂遺跡群は、丘陵上を中心に新たな道路と建物群によって再構成される。前二世紀に掘られた「比恵の大溝」（運河）の埋没後、それに沿って新たな大溝（比恵の大溝）が掘られ、倉庫群と居住域を区画する新たな境界になる。那珂地区には大溝がいくつも掘られ（一八次、四九次）、二世紀（後期後半）には大規模な区画を形成。台地上をブロック状に区画し、後述する環溝とあわせて碁盤目のような「街区」を形成する。

比恵地区の中心域には、前代の甕棺墓を壊して比恵の大溝と軸をあわせた方形の環溝が掘られ、内部には有力者の居館と考えられる超大型の建物が建てられる（一号方形環溝）。古墳時代の首長居館の先駆けと考えられている〔久住二〇〇八〕。

比恵地区と那珂地区は一世紀から二世紀にかけて一体化して居住域が大規模化。人びとの住まいは竪穴住居から平地建物へと転換する。井戸も前代と同様、多数掘られている。より重量のあるものを保管するために建てられたような高床倉庫が、比恵の中央部北寄りに二ヘクタールにわたって集中して存在していることから、倭人伝に記された「邸閣《ていかく》」に相当すると考えられている〔久住二〇〇八〕。

また倉庫群の西側には、「市」的な空間も想定されている。こうした想定の根拠になっているのは後一世紀以降、増加してくる外来系土器の存在である。吉備《きび》、讃岐、伊予《いよ》など瀬戸内系土器を筆頭に列島各地の土器の搬入量が増加し、人の出入りが激しくなっていることがうかがい知れるからである。

工房域も引き続き比恵地区中央部に集中して存在し、青銅器やガラスの生産が継続している。鉄器の流通量はさらに増加するが、後期中頃から後半にかけての比恵は青銅製スキ先が多いことでも注目される。

このように後一世紀に行われた二度目の計画的配置によって、古墳時代の豪族居館の先駆けといえる邸宅が成立するとともに、国内外の物資が行き来する流通の中枢、すなわち「市」が成立していた。

第三期の計画的配置

図33は二世紀前半（弥生終末）から三世紀後半（古墳前期前半）に行われた大規模な計画的配置を表した図である。これまでよりも総延長が大きく延びた南北道路を軸にして、集落全体で計画的配置が行われた。長さ一・五キロメートル以上、幅が五〜九メートルで側溝をもつ南北道路に沿って、住居や建物、周溝墓が配置される。また直線を指向する南北道路には、交差点や分岐路も確認されている。

比恵の北端には幅二五メートルの運河が接続しており、船着き場の存在が予測されているところから、博多湾から直接、船で上ってこられた可能性がある。

比恵地区の中心部には、首長の居館である環溝群が南北道路と主軸をあわせて引き続き造られていて、なかには一辺が七〇メートルに達するものもある（二号方形環溝）。奴国の

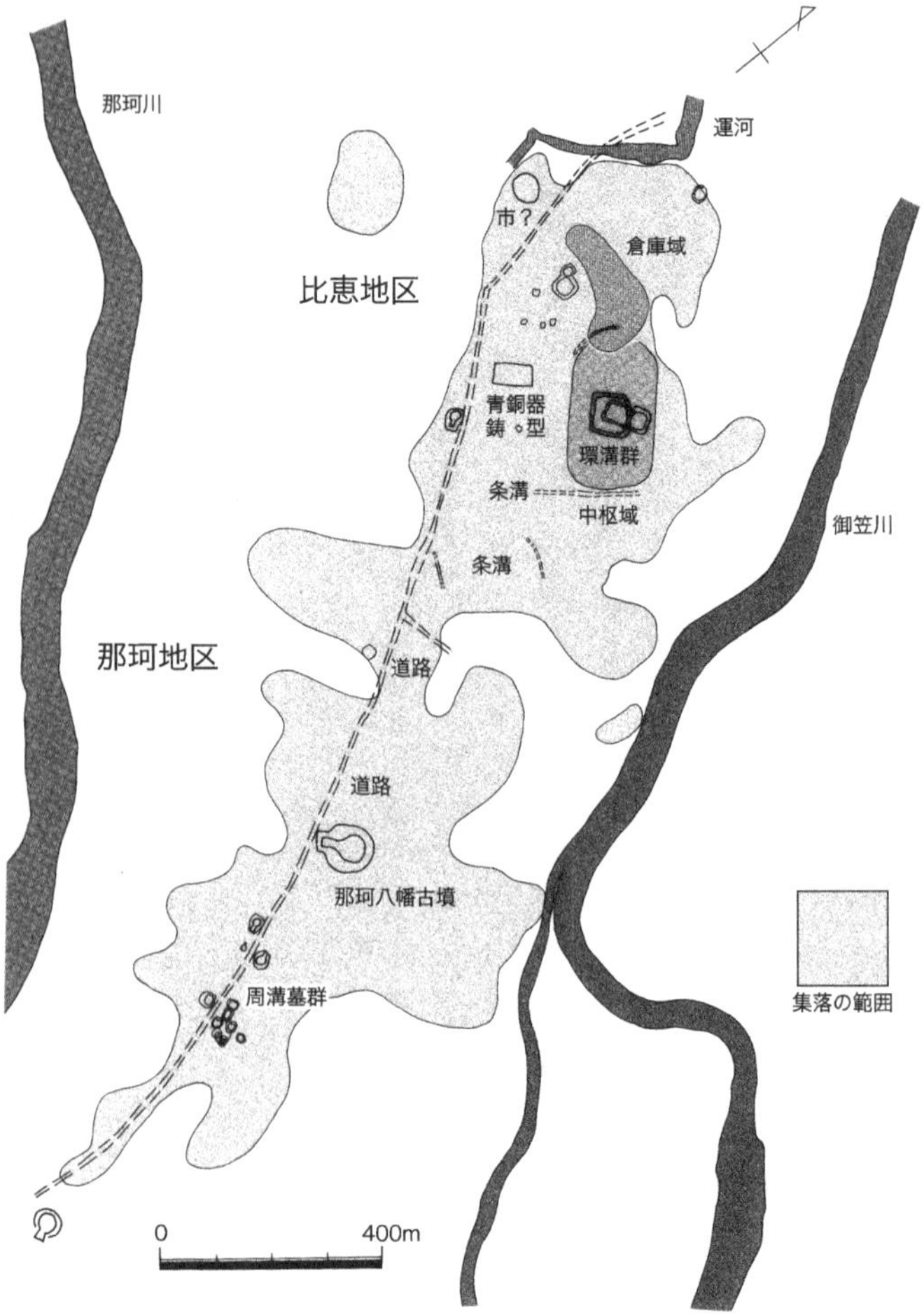

図33　2〜3世紀の比恵・那珂遺跡群（〔久住2008〕より作成）

中心にある最大の前方後円墳で、三角縁神獣鏡《さんかくぶちしんじゅうきょう》をもつ那珂八幡古墳の被葬者の居館ではないかという説もあるぐらいだ。

前代に引き続き、倉庫群と「市」ではないかと考えられている空間が確認されている（九一次調査）。その空間からは朝鮮半島から近畿に至る広い地域の土器が大量に見つかっている。

しかし、二世紀末までは糸島地域で見つかることが多かった朝鮮半島系の土器は、三世紀になると福岡平野で見つかることが圧倒的に多くなる。それまで糸島地域の海浜部の遺跡にあった朝鮮半島との交流の窓口が、三世紀になると博多湾の海浜部の遺跡に遷った可能性が高いことを意味している。朝鮮半島のなかでも西南部の馬韓系の土器が目立つことから、「博多湾交易」とよぶ研究者もいる〔久住二〇〇七〕。

三世紀を境に弥生終末～古墳前葉になると対外交流の窓口は博多湾の砂丘上に位置する遺跡へと遷っていくようだ〔武末二〇〇九〕。

まとめ

前一世紀末以降、奴国の王がいる須玖・岡本遺跡群と、奴国の交易・流通センターである比恵・那珂遺跡群という役割の分担が続いていた。だが、三世紀には王都としての機能も併せ持つようになった比恵・那珂遺跡群が、対外交易の機能を除いて奴国の中心であり続けた。

こうした「道路状遺構」と墳墓が一体して造営される景観を、同時期の纒向《まきむく》遺跡になぞらえ、「初期ヤマト政権」の中枢域に匹敵するという考えもある〔辻田二〇一二〕。

2 平和な農村の象徴——静岡・登呂遺跡

初めてづくしの遺跡

登呂遺跡ほど、いろいろな意味で「日本で初めて」という冠がつく遺跡はない。初めて水田の跡が見つかった遺跡であることは有名だし、ねずみ返し、琴、機織具など、農耕生活に必要な多くの木製用具が初めて見つかった遺跡でもある。

また考古学はもちろん、人類学、歴史学、地理学、動植物学、建築学、農業経済学など、数多くの学問分野を結集した総合調査が初めて行われた遺跡でもある。さらには弥生時代の遺跡としては初めて国の特別史跡に指定されたこと。遺跡のある場所に住居や高床倉庫などの当時の建物を復原した初めての遺跡公園という冠まである。

まさに戦後の弥生時代研究の出発点に相応《ふさわ》しい内容をもつ登呂遺跡だが、特別史跡ということもあっておよそ五〇年もの間、補足調査も行われてこなかったため、昨今では登呂遺跡のイメージに疑問や違和感が表明されるようになっていた。そこで再調査が行われたわけだが、その結果はまさに驚くべきものであった。

その実態は、先に比恵・那珂遺跡群でみたまち的な状況とは異なり、まさに巨大な弥生の農村であった。この節では新しい登呂遺跡のイメージを紹介していくが、はじめに私たちが登呂遺跡に対してもっていたイメージとは、どのようなものだったのか、記憶を呼び戻すところから始めよう。

弥生時代の平和的な農村というイメージ

敗戦にうちひしがれ平和を求めた当時の日本人の前に明らかにされた二〇〇〇年前の祖先の暮らしは、戦いのない平和な農村に相応しいものだった。武器もない、戦いのあともない、戦いで死んだと思われる人もいない農村は、水田稲作を行うための農工具にあふれた豊かな生活を彷彿《ほうふつ》させるものだった（もっとも墓が見つかっていないので戦死者が見つからなかったという事情もあるのだが）。

登呂遺跡が見つかったのは一九四三（昭和一八）年、戦闘機用のプロペラ工場を造るため

写真40　周堤をもつ住居址（1949年調査時）〔提供　静岡市立登呂博物館〕

に、水田の土を抜き取る工事を行っていた時である。この際にも調査が行われているが、本格的な調査は一九四七（昭和二二）～一九五〇（昭和二五）年にかけて行われ、その成果は、『登呂――本編、前編』として一九五四年に毎日新聞社から刊行された。

登呂の調査成果

佐賀県吉野ヶ里遺跡が見つかるまで、教科書に載っている弥生のむらといえば登呂遺跡であった。平地住居や水田の址の写真を覚えている読者も多いことだろう（写真40）。

先述した『登呂』には、一二軒の竪穴系平地住居に、二棟の高床式倉庫、むらの西側に広がる一次林たる防風林、八ヘクタールにも及ぶ大区画水田が、同時期に存在した弥生後期のむらの姿として描かれている。

何しろ水田が初めて見つかった遺跡であったし、居住域も一緒に見つかっていたので、弥生の典型的な農村として人びとの脳裏に刻まれたのである。

再調査の結果わかったこと

再調査の結果、まず驚いたのは、私たちが教科書でみた住居と水田が同じ時期のものではなかったことである。具体的に説明しよう〔石川二〇〇六〕。

登呂遺跡は、安倍川《あべかわ》と藁科川《わらしながわ》が造った扇状地である静清《せいせい》平野の扇端部に立地し、両河川が造った自然堤防上の微高地に占地している（図34）。

平野に弥生人が現れるのは前三世紀ごろ（中期中葉）のことである。登呂遺跡が位置する静清平野でも、先述した小田原の中里遺跡と同様、それまで丘陵部に居住していた人びとが、前三世紀になって平野部に移り始める。前二世紀（中期後葉）には生活の中心は平野部に移り、居住域と方形周溝墓からなる墓域がセットで見つかる大型化した遺跡が現れる〔岡村二〇〇六〕。

登呂遺跡は古墳時代中期まで続く遺跡だが、大きく四つの時期に分けられる。遺跡に遺構が現れるのは後一世紀（後期前葉：登呂Ⅰ期）からで、まず居住域と水田域が出現する。

登呂Ⅱ期（後期中葉）になると居住域と水田域が存在するが、この時期のむらは冠水が繰り返されたあと、洪水で壊滅してしまう。教科書に載っている住居のほとんどはこの時期

図34　登呂遺跡の位置（〔静岡市立登呂博物館2010〕より引用）

のものである。

登呂Ⅲ期（後期後葉）には水田が再び造られ、居住域も認められるが、前段階よりも大きな洪水によって再び壊滅する。教科書に載っている杭や矢板で護岸された水田のほとんどは、この時期のものである。

登呂Ⅳ期（弥生終末以降）に再び水田が造られるが、もはや居住域が造られることはなく、平野部のほとんどが一面の水田になったと考えられている。

注目すべきは、登呂遺跡から二〇〇メートル上流にある鷹《たか》ノ道《みち》遺跡の住居の軸や水田区画と水路の走向が、登呂の水田の軸と一致していることである。つまり登呂に居住域が造られなくなるⅣ期には、鷹ノ道遺跡の水田地区になっている可能性があり、このことは集落の概念に再考を促すものとして注目される。

登呂むらの構造

図35はむらの全体像である。弥生後期中葉の登呂Ⅱ期を模式化したもので、細長い微高地上に居住域があり、北側は急な谷状地形、南側は緩い傾斜をもつ自然堤防上にある。

この時期には住居五軒、倉庫三棟、祭殿（大型独立棟持柱付掘立柱建物）一棟があり、これで一単位のむらである。居住域は幅三メートル、深さ一・五メートルの区画溝によって東西に分けられ、しかも水田域とも分けられている。

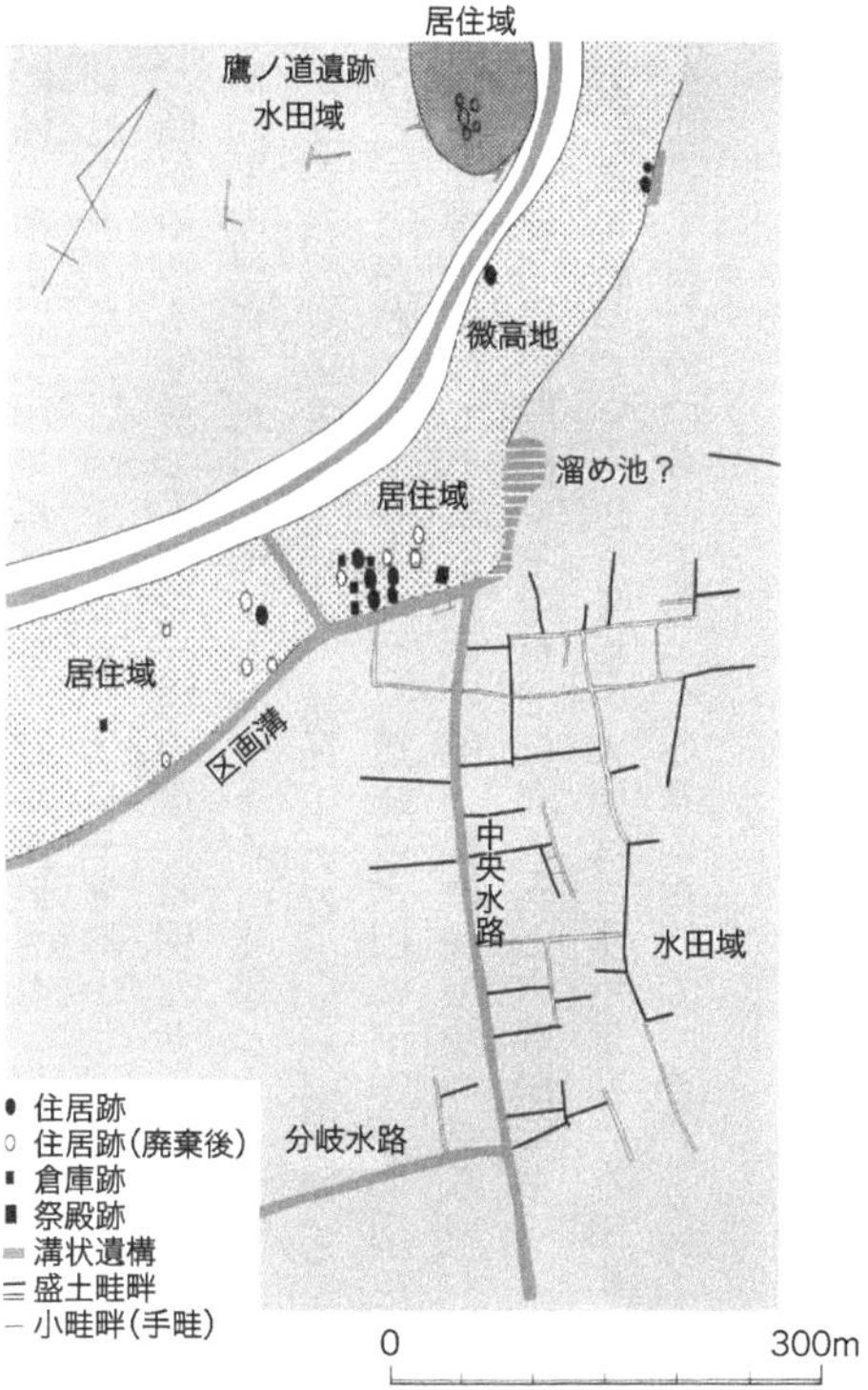

図35　登呂遺跡の全体図（〔静岡市立登呂博物館2010〕より引用）

住居の周りをめぐる溝からは寄生虫の卵が見つかっているので、糞尿で汚染されていた可能性がある。水田域には中央水路が配置され、堰を築いて水田へ給排水されていた。

登呂の水田は大区画ではなく、季節や地形の状況に応じてところどころに小区画を設置し、傾斜のある地形でも水を一定の深さに保たせるように工夫したものであった。

耕作土の厚さは約二〇センチメートル、上層はよく攪拌され、下層には粗い基盤層がしっかり存在していることから、耕作土の泥が基盤層(床土)まで厚く堆積する深田《ふかだ》ではなかったことがわかっている。登呂遺跡の水田は旧調査で田下駄《たげた》が出土していたことを根拠に深田と考えられていただけに、田下駄は使用法の見なおしに迫られている。現在では田下駄は新田開発に関係する道具ではないかという説がある。

教科書に載っていた杭や矢板の大半は、登呂Ⅲ期の水田にともなうもので、耕作土の流出を防止するためのものであったと考えられている。

農工具

木製品のほとんどはスギで作られているが、農具だけは堅いカシで作られている。樹木を伐採する道具は後期前葉こそ石斧を使っていたようだが、それ以降は石斧の数が急激に減るので、鉄の斧が普及していたと考えられている。

まつりの道具としては後述する武器形の木製品以外にも、卜骨《ぼっこつ》と鹿角《ろっかく》の加工品が出土している。

作物

登呂からは二種類のイネが見つかっている。遺伝子調査の結果、温帯ジャポニカと熱帯ジャポニカが確認されているので、水田で二種類のコメが作られていたことがわかる。また休耕田の存在も想定されている。

コメ以外にも、ハトムギ、ヒエ、アズキ、ドングリ、クリ、クルミ、モモ、ウリ、ヒョウタンなどが見つかっている。

登呂遺跡の武器

旧調査では見つかっていなかった、武器ではないかとみられる遺物も出土している。打製石剣や石槍、磨製石鏃のような実際に戦闘に使えるものがある一方で、まつりの場面で使われたと考えられている木製の武器が出土していることが注目される。

木製の武器には剣形や刀形などがあり、なかでも剣形は一一点出土していることから、まつりの場面で模擬戦があったと想定されている〔静岡市二〇一二〕。

結局、登呂遺跡とは？

再調査の結果、登呂遺跡は後一世紀からの三〇〇年あまり続いた遺跡であり、何度も洪水に襲われながらも、あるときは水田だけだったり、またあるときは居住域と水田が造られたりと、時期によっていろいろな表情を見せたことが明らかになった。ただ墓域だけは基本的に見つかっていない。

以前から有東《うとう》遺跡を母村とするのではないかという意見があった登呂遺跡だが、再調査の結果、それを裏付ける証拠がいくつか見つかっている。基本的に登呂遺跡は有東遺跡（居住域）の水田地区なのだが、有東遺跡に何かあると登呂地区に居住域が造られる、という姿が浮かび上がってくる。

前三世紀（中期中葉）から四世紀（古墳前期）まで継続する有東遺跡は、居住域、墓域、水田域を備えた、この地域の中心的な遺跡である。前二世紀（中期後葉）になると鷹ノ道遺跡が成立、そして一世紀（後期前葉）には登呂遺跡も成立する。有東遺跡で人口が増えたり、有東遺跡が解体したりして登呂に居住域が作られることもあるが、もっぱら登呂遺跡は水田が造られるところであり、とくに三世紀（弥生終末）以降は、水田地区という位置づけであったと考えられている〔岡村二〇〇六〕。

以上のように、弥生後期の遺跡には、比恵・那珂遺跡のように国内外の流通ネットワークの拠点として、直線的な道路を軸として直交する道路によって区画された空間に、建物群と工房群などを計画的に配置した「くに」の中心たる遺跡と、登呂遺跡のように水田稲作を行う「弥生の農村」といえる遺跡など、機能と性格にあわせて多様なものがあったことがわかる。

特に前者のような遺跡は今のところ後期が上限だが、伊都国や末盧国など、「くに」の中心となるすべての遺跡が比恵・那珂遺跡のような計画的に造られた形をとるのかどうかは、まだわからない。現に第四章で説明した前三世紀（弥生中期）の一支国は、前者と後者の中間的な姿をしていたので、時期によっても異なっていたことがわかる。

少なくとも弥生後期の集落は、登呂遺跡のような農村というイメージだけで語ることはできないことがおわかりいただけただろう。

3　大人層の出現——吉野ヶ里遺跡

吉野ヶ里の復原

直線的な道路や直交する道路によって区画されてはいないものの、階層によって生活の場を異にするむらを造っていたと考えられるのが佐賀県吉野ヶ里遺跡である。

三世紀の倭国を描いた『魏書』東夷伝倭人の条には、「大人《たいじん》」、「下戸《げこ》」、「生口」という三つの階層が出てくる。大人は倭国だけではなく、鮮卑《せんぴ》・扶余《ふよ》・高句麗《こうくり》などにもいたと記されている、いわゆる支配者層である。

「下戸の者が道で大人に会うと、後ずさりをして草の中に入り、言葉を伝えたり説明したりするときには、うずくまったりひざまずいたりして、両手を地につき、大人に対する恭敬を表わす」（〔小南二〇〇三：三九六～三九七頁〕より引用）とある。生口はいわゆる戦争奴隷である。

吉野ヶ里歴史公園では、次のような考えにもとづきながら、大人と下戸を性格づけて遺跡公園の復原に生かしている。

弥生時代の階層・職能・身分については、国の支配者として行政的な運営を担っていたと考えられる「大人」、一般的な身分である「下戸」、もっとも下位の階層である「生口」に分類する。

吉野ヶ里歴史公園では、南内郭を大人層の居住区と考え、世俗的な政治支配を担う最高政治権者である「王」と、統治機構を分担して担う「クニ」の支配者層が暮らしていたと推定し、その前提で当時の「ムラ」を復原している。

大人層は、一般的な農業労働には従事せず、その監督や行政的活動を主たる仕事としていたという設定である。

この大人層がハレの場で着る服装を復原したのが布目順郎《ぬのめじゅんろう》である（写真41）。また布目案をお手本にして大橋まりが女性用の衣装を復原している（二〇七頁の写真42）〔大橋二〇一四〕。

衣装とアクセサリー

写真41　大人層の服飾（布目案）
〔提供　佐賀県教育庁〕

大人層の服の素材は絹。吉野ヶ里からは粗い平織りの透けた絹が出土している。弥生人は家蚕《かさん》の絹を手織りにしていたと考えられるが、大橋は機械織りを使用。これを日本茜《あかね》の根で染色（写真44）。上着とした（写真43）。

帯も絹製で、黄色はくちなし、赤色は茜、紫はイボニシやアカニシなど巻貝のパープル腺《せん》から摘出される液を用いた。髪飾りにもこの貝紫《かいむらさき》を使用した。

コラム　弥生人の衣食住

衣

弥生人はどのような姿をしていたのか。髪型は？　衣装は？　と聞かれることは多いけれども、わからないことが多い。なぜなら髪も衣装も有機質なので遺りにくいからである。

倭人の条には、次のような描写がある。

「男は皆、かぶりものをつけず、木緜《もくめん》で頭をまき、衣は横幅の布をもちいて、ただ結んでいるだけで、ほとんど縫ってはいない。婦人は……衣は単衣のように作り、中央に穴をあけて頭を貫いてこれを衣《き》る」

吉野ヶ里遺跡で見つかった2世紀の甕棺に葬られていた男性の髪は、埴輪の男のように髪を両側で束ねていた。しかし弥生人が残した造形物にはミズラをしているものはなく、頭の中央に前後に長いたかまりをつくって、髷《まげ》としたものがみられる程度である。

頭に巻いた木緜だが、木綿ではなく、コウゾやカジなどの樹皮をはいで、蒸したり水にひたしたりして、いらない部分を取り除いた繊維を指す。倭人の男は布ではなく、樹皮の繊維をまいていたことになる。

衣装の生地は、出土資料からみると大麻が圧倒的に多かったというのは、布目順郎である。大麻を使った貫頭衣を着ていたと考える人が多いだろうが、甕棺墓からは腕や足の骨に布がついたまま見つかることも多いので、長袖や長裾の服があったことは確実である。実際、吉野ヶ里遺跡では二つの布を縫い合わせたものが見つかっているので、身ごろと袖が直交するようにつないであったと考えられている。

これまで述べてきたのは一般の人びと（下戸）の服であるが、吉野ヶ里遺跡からは何種類もの絹が見つかっている。前

3世紀の墳丘墓に葬られていた甕棺には絹でまかれた銅剣が副葬されていたこともわかっている。

布目が鑑定したところ、絹の大多数は目が透けていて下の衣の色・文様や肌が透けてみえる上等の透目平絹で、目の詰まった透目平絹もあったとのことである。

しかも絹は、貝紫と茜で染めたものがあることがわかった。縦糸を茜で、横糸を貝紫で染め分けたものまであった。

こうした微妙な色の違いのある絹を織った布でつくった衣装を着ていた人びとがいたとは、驚く限りである。

木靴もすでに登場していたが、基本的には裸足であったことが倭人の条に記されている。

食

倭人の条に出てくる生食とは、野菜や魚を生で食べていたことを指す。弥生人が体内に寄生虫を飼っていたことは朝日遺跡のところで述べたが、倭人の条の記述と一致する。中国では戦国から漢代にかけて広まるとされる箸はまだなく、手づかみで食べていたことが記されている。

食べ物は高坏に盛られ共食が行われ（共用器）、各自が小形の高坏（銘々器）にとって食べていた。まだAさん専属の高坏（属人器）という区分のないころの話である。銘々器は漢代にはあったと考えられているから、遅くとも弥生後期には使われていたと考えられているが、弥生中期以前に存在していたのかどうかはわからない。

火災に遭った竪穴住居からは運び出せずに焼け残った土器が見つかることがある。大阪府高槻市の古曽部《こそべ》＝芝谷《しばたに》遺跡の12号住居からは45個の土器が見つかった。このうち銘々器と考えられる小ぶりの高坏が5個含まれていたので、この家には5人が住んでいたと考えられている。

住

弥生時代の建物といえば、竪穴住居、掘立柱建物、高床建物の3つである。竪穴は寒さと風を防ぐ北方系の建物である。1.5〜2.0ｍぐらいの穴を掘り、梯子《はしご》をつけ、屋根に開けた入り口から出入りする。床には炉と屋根を支える柱の穴があり、ワラの蓆《むしろ》などを敷いて暮らしていた。屋根には葦やヨシなどの茎を葺き、なかにはその上に土を乗せたものもある。冬は暖かいので、燃料材を十分に確保できない時代に特徴的な建物である。

掘立柱建物は、地面を掘り下げずに柱穴を掘って、下端部を穴に埋めて立てる柱（掘立柱）で屋根を支える建物である。土間を床にする場合と、数十㎝〜1ｍ前後の高さの木の床をつけるものもある。

人の背丈を超えるほどの高さに木の床をつけるものが高床建物である。高いので上がるには梯子か階段が必要である。倉庫として使う場合には重量があるので、総柱（相対する側柱《かわばしら》の交点にもすべて柱を立てる）となる。

銅鐸や弥生土器には建物の絵を描いたものがある。建物を横から見た絵には、屋根が台形と逆台形の二つがあることがわかる。後者では棟が大きく張り出すことになるので、これを支える柱がもう1本、必要になる。これが伊勢神宮正殿にもある棟持柱である。

紀元前52年の年輪年代が出たことで有名な大阪府池上・曽根遺跡の祭殿は、柱11本×2本＋棟持柱をもつ19.2×6.9ｍの巨大なものであった。

写真43　日本茜で染めた上着

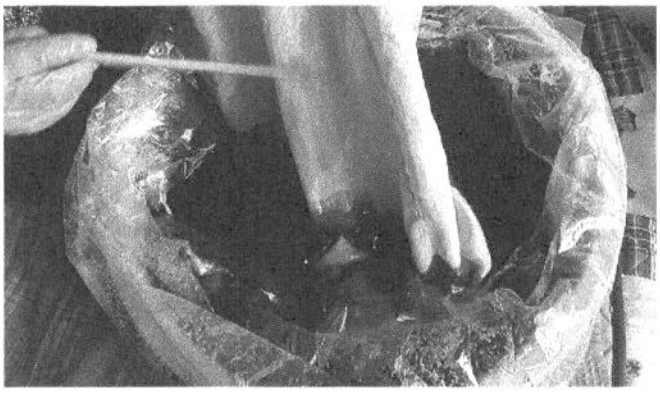

写真44　茜の根で染めているところ

写真42　大人層の服飾（大橋案）〔歴博蔵〕

次にアクセサリーだが、勾玉は糸魚川のヒスイ、管玉はガラス製である。

4　鉄器製作の本格化——山陰・中国山地の鍛冶工房

新技術による製鉄

『魏志』東夷伝に鉄の産地として記された朝鮮半島東南部に位置する弁辰地域で、炭素量が銑鉄《せんてつ》に達しない塊錬鉄《かいれんてつ》の生産が本格化するのは後一世紀以降と考えられている。塊錬鉄とは鉄鉱石を直接還元した鉄のことで、中国で西周時代に始まる製錬の生産物である錬鉄（wrought iron）に相当する。こうした動きを背景に、中国山地や山陰において弁辰で作られた鉄素材をもとにした鉄器製作が本格化する。

朝鮮半島東南部における製錬の開始は達川遺跡の存在から見ても紀元前後までさかのぼると考えられるが、製錬炉はまだ見つかっていない。しかし前三世紀の九州北部で袋状鉄斧など弥生独自の形態をした鍛造鉄器が出てくるようになる背景には、朝鮮半島における塊錬鉄生産の始まりを想定しておく必要がある。

では一世紀の中国山地や山陰で始まる鉄器製作の実像を、鍛冶工房と考えられる竪穴から見つかる鍛冶炉や、鉄素材破片・鍛造剥片などをもとにみていくことにしよう。

鍛冶炉と工房

先に述べた四つの鍛冶炉のなかで、鉄器のリサイクルが可能なのは防湿設備を備えた炉（Ⅰ類）であった〔村上一九九八〕。近畿中央部では三世紀にならないと見つからないリサイクルが可能な鍛冶炉が、山陰や中国山地では一世紀から増え始める。

鍛冶炉は工房と考えられる一つの竪穴に一つずつとは限らず、鍛冶工程を異にする複数の炉をもつ竪穴もある。島根県上野Ⅱ遺跡では、一つの竪穴から鍛接や鍛打などの高温が必要な熱処理用の炉と、単に火にあてて鉄の板を折り曲げやすくするための加熱用の炉が見つかっている。

また鳥取県妻木晩田《むきばんだ》遺跡や同県青谷上寺地遺跡のように、一つのむらで工程を異にする鍛冶炉が複数の竪穴から見つかる遺跡もある。むら全体で一連の鍛冶工程を組織的にこなしていたことがわかる。

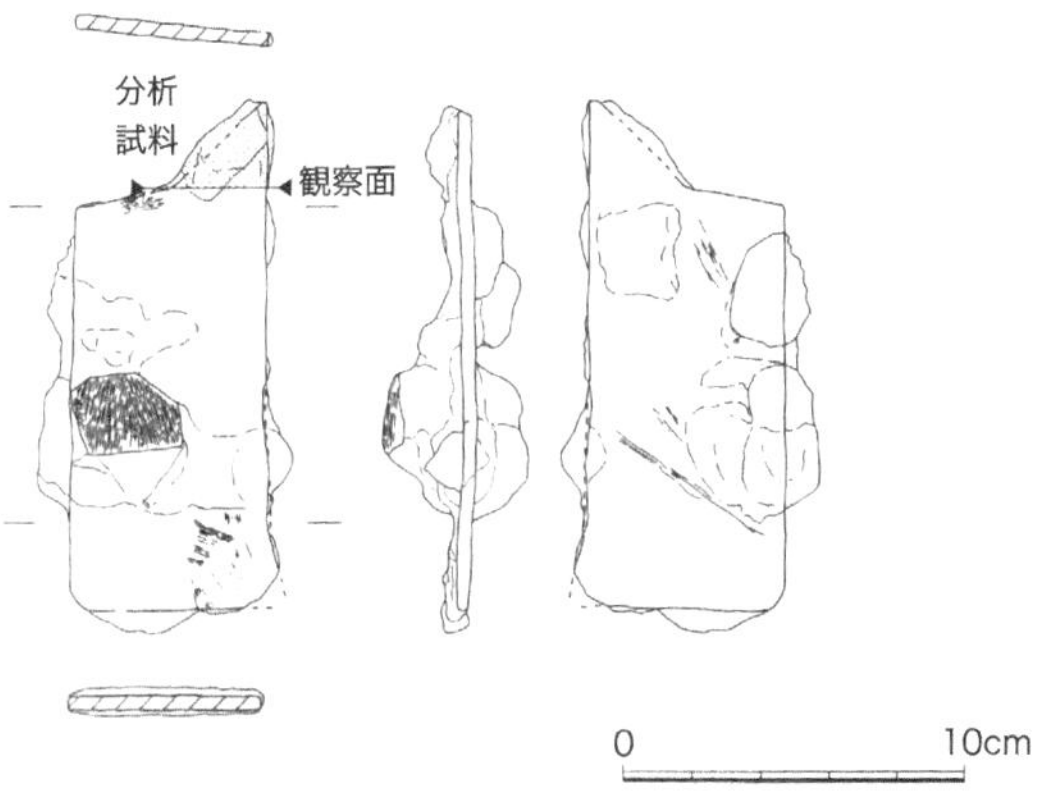

図36　島根県上野Ⅱ遺跡で見つかった板状鉄製品
(〔久保田編2001〕より引用)

鉄素材

鉄素材は朝鮮半島東南部で製錬された塊錬鉄を精錬して作られた軟鉄で、「板状鉄製品」と呼ばれている〔大澤二〇〇四〕。九州北部を介して西日本にもたらされた。幅が四・〇～六・〇センチメートル、厚みが四ミリメートルぐらいの規格品で、材質は軟鋼から極軟鋼の焼きなまし材まであり、鏨《たがね》で断ち切るのに適した軟らかい鉄である（図36）。

板状鉄製品を素材に鉄器を作る工程では、大形の鍛冶滓が排出されることはない。第三章で説明した鍛錬鍛冶Ｂ滓と呼ばれる、小形でスカスカしたガラス質の鉄滓が排出される。

鍛冶具

鉄製の鍛冶具が出てくるのは古墳時代中期からなので、弥生時代の鍛冶に用いた鉄の道具は鏨ぐらいである。それ以外の道具は、床石の上に焼けた鉄を置き、丸石で敲《たた》いて、砥石で研磨したのであろうか。金箸はないので、竹や木の棒を使ったと思われる。

このように軟鉄系鉄素材を原料に、火を補助的にしか使わない作業や、鍛冶滓も出ないような鉄器製作は「原始鍛冶」と呼ばれている〔大澤二〇〇四〕。六世紀第三四半期に鉄鉱石を原料とした製錬が行われるようになるまで、倭人たちは朝鮮半島東南部製の軟鉄系鉄素材を主な鉄素材にしてさまざまな鉄器を作っていたのだ。

5 見えざる鉄器と倭国乱

倭国乱の原因

弥生時代に行われたと考えられる数多くの戦いのなかで、後世まで名前が伝わっている

戦いはわずか一つしかない。「倭国乱」である。二世紀後半に行われたと考えられている
この戦いを終息させる方法として卑弥呼の共立があるわけで、古墳時代のはじまりに大き
な影響を与えた戦いである。

倭国乱が起こった原因は何か。一九七〇年代以降、論争の中心になったのが、鉄の入手
をめぐる九州北部と岡山・近畿との争いであった。

当時、鉄の生産地であった朝鮮半島東南部の弁辰地域から鉄を輸入する権利や、鉄を運
んでくる輸送集団の掌握、輸入した鉄の配分と列島内の流通など、すべてを掌握していた
玄界灘沿岸諸国から、吉備・近畿諸国が取って代わるための戦いが倭国乱であると考える
仮説である。

倭国乱に勝利することで吉備・近畿諸国は玄界灘沿岸諸国に取って代わることに成功す
る。とくにクワやスキなどの木製農具の刃先に装着する鉄刃農具を豊富に作るために必要
な鉄を確保して使用することによって、生産力が増加した。そのことによって、近畿が名
実ともに古墳時代の政治権力の中心になったと考える図式である。

しかしこの仮説には弱点がある。倭国乱が終わった三世紀になっても、大阪や奈良など
の近畿中央部に鉄器が普及していたことを示す具体的な証拠が乏しいのだ。鉄器の出土量
は三世紀になっても相変わらず圧倒的に九州北部の方が多いのである。

相変わらず少ない近畿の鉄器

確かに近畿中央部でも後期になると出土する石器は少なくなるので、鉄器に置き換わったと考えたいのだが、鉄器が見つからないことには始まらない。

弥生後期の近畿中央部に鉄器はよく見えないが、近畿中央部が古墳時代の政治権力の中心になっている以上、弥生後期に鉄器の普及を想定することのような学説は「見えざる鉄器」説とよばれ、近畿の研究者を中心に支持されてきた。

しかし弥生後期の近畿中央部にも鉄器は豊富にあったけれども、見つからない理由を説明してきたリサイクル説や埋蔵中に腐ってなくなってしまったという銹化《しゅうか》説はいずれも否定されている。リサイクルが可能な防湿設備を備えたI類の鍛冶炉は、三世紀になってようやく数基確認されるにすぎない。また鉄は錆びると安定するので溶けてなくなってしまうことはない。現在、近畿中央部で出土している鉄器の量を素直に解釈すれば、倭国乱の結果、近畿に鉄器が普及するようになったとはとても言えないという見解が優勢である〔村上一九九八〕。

そこで弥生後期の鉄器と古墳時代の成立に関する筆者の考えを述べてみたい。

石器の消滅＝鉄器の普及といえるのか？

近畿では前一世紀後半に伐採用の石斧が減り始めるのと同時に、加工用の石斧も激減する〔禰冝田一九九八〕。一世紀後半になると鉄製品は斧と矢じりを中心にクワ先も見られるようになり、鉄器の量は確実に増加するが急増と言えるほどではない。

鉄器を研ぐ道具である砥石の側から鉄器の量について見てみると、砥石は前一世紀後半から石器組成の四割を超え始め、三世紀前後には一〇〇％に達する遺跡も現れることから、鉄器化が進んだ証拠と考えられている。

しかし三世紀になって石器が基本的に姿を消しても、集落から出土する鉄器の量は逆に減る傾向を示す。

このように石器組成や砥石から見る限り、たしかに鉄器は増えているように見えるのだが、実際に遺跡から出土する鉄器の量との溝は広がるばかりである。

とすれば、見えざる鉄器説の根拠が否定されている以上、出土した鉄器の量が当時の実態を反映していると素直に受け取るしかない。

石器の減少と少ない鉄器を説明する方法

もともと少なかった鉄器と、後期に出土量が減少する石器との関係を説明する一つの方法に、中期社会の石器流通機構自体が後期になって衰退したと考える説がある〔野島二〇〇九〕。石器の消滅を鉄器の増加で説明するのではなく、石器供給量の減少で説明する方法で、出土する鉄器が少ないという実態を別の角度から説明した説である。

しかし、石器の供給量が少なくなったうえに、鉄器もまだ少ないのであれば、近畿弥生社会の生産活動にさまざまな支障が出ることになる。とくに大阪や奈良など近畿中央部にみられる板状鉄斧と鉄ノミの量は、磨製石器の補完にとどまっているというから、磨製石器自体の量が減っているとすればその影響は計り知れないものになる。果たしてこれで生産活動を維持できたのであろうか。疑問が残る。

西日本各地の鉄の実態

近畿中央部と対照的なのが近畿北部の日本海沿岸である。リサイクル可能な鍛冶炉があり、前二世紀以降に船載鉄器をまねたさまざまな鉄器を作っているので、近畿中央部よりも鉄器が普及していた可能性がある。日本海沿岸を西に進めば大陸に近いという地の利を活かして、舶載品や鉄素材とともに製作技術を入手できる有利な環境にあったのだろう。

もちろん二世紀後半の倭国乱以降も、九州北部では依然としてクワ先やスキ先といった鉄刃農具をはじめとした数多くの種類の鉄器があらゆる階層に広く行き渡っているため、構成員の社会的地位によって鉄器の保有度に差がみられるということはない。皆等しく保有しているのである〔野島二〇〇九〕。

九州中部の鉄器は九州北部に比べると種類が限られ、ヤリガンナや摘鎌《つみがま》のような小形鉄器を中心とする。鉄刃農具は社会的地位によって保有する数が限定される。だが、矢じりだけはあらゆる階層に行き渡っているのが特徴である。

山陽ではさらに種類と数が限定される。鉄刃農具はきわめて例外的に大形住居から見つかる程度で、矢じりとヤリガンナが後期中ごろになってみられる程度である。

九州北部以外で豊かな鉄器をもつのは山陰である。種類も量も豊富で、かつ、板状鉄製品の破片も多数見つかっている。実際に鍛冶を行ったとみられる竪穴が数多く見つかっていることは先述したとおりである。

このように倭国乱以前の瀬戸内中部以東、および近畿の鉄事情は惨憺《さんたん》たるものである。倭人の条に記されているように、三世紀には鉄を含む大陸から舶載される稀少物資は一《いち》大率《だいそつ》による統制下にはいっていただろうが、九州北部における流通量はそのままで、さらに瀬戸内や近畿、東国方面にも鉄が広まるようになったのではないだろうか。後期後葉以降の中部・北関東に三韓系の鉄剣が出土するようになることは、何らかの政治的意図の存在をうかがわせる。またⅣ類のような地面を掘りくぼめない簡便な炉が近畿中央部や東日本に多く見つかり始めていることも、簡便な道具による加工が可能な弁辰の軟鋼素材の普及が背景にあるのではないだろうか〔池淵二〇〇四〕。つまり倭国乱以降、流通機構の整備とそれを促す汎《はん》西日本規模の政治的意図が、鉄器が乏しかった地域にも鉄器の普及を促すようになったと考えられるのだ。

鉄刃農具の普及にともなう生産力の発達を増大にして古墳時代の成立を説明することができないとすれば、近畿中央部に三世紀以降、政治・祭祀的な中心が成立した別の理由を考えなければならない。現在の学界は古墳時代の始まりを、経済的な転換ではなく、政治・祭祀的な転換として描く傾向が強い。

6 前方後円墳にとりつかれた人びと

倭国乱の原因——鉄以外

倭人が鉄を国産していたとは考えられない以上、朝鮮半島東南部から鉄素材を輸入することによって倭国内の需要を満たしていたという前提の上で考えてみよう。

三世紀になって変わったことが何かと言えば、まだわずかではあるが近畿中央部にリサイクル可能な鍛冶炉が現れ、鉄器が作られるようになったことである。枚方《ひらかた》市星《ほし》ヶ丘《おか》遺跡や奈良県纒向遺跡群など、数ヵ所で鍛冶炉が見つかっている。

一方、九州北部における鉄器の出土量は依然として他を圧倒しており、鉄素材の供給が絶たれたとは考えられない。

こうした考古学的な事実は、鉄の奪取を目的とした倭国乱の結果、勝利した吉備や近畿でも鉄が普及したという、これまで考えられてきた説明が成り立ちにくいことを意味する。むしろ倭国乱の原因を鉄に求めるのではなく、倭国乱の結果、鉄が列島規模で東日本まで広がるようになったと考えた方が自然である。

そこで倭国乱の原因を鉄に求めない場合、倭国乱以降に起きた考古学的事象の変化をうまく説明するには、何に原因を求めたらよいのか考えてみよう。

東アジア情勢の変化

まず倭国乱の遠因を後漢の衰退という東アジア情勢の変化にともなう倭国内の部族間抗争に求める〔西嶋一九七九〕。

二世紀後半になると玄界灘沿岸諸国の後ろ盾であった後漢王朝の権威は、二世紀代の桓《かん》帝《てい》・霊帝《れいてい》の時代に対外的にも対内的にも衰退し始める。その結果、周辺諸民族が台頭し、それぞれの民族の内部でも部族間抗争が激化するようになる。倭国乱はこうした東アジア情勢の変化と連動して倭人世界に起こった再編成の波と考えられる。

卑弥呼の共立によって二世紀末に倭国乱が終わり、二二〇年に後漢が滅亡して三国時代が始まる。また遼東では公孫氏《こうそんし》が台頭するなど、北東アジア情勢も大きく変化する。北東アジア全体の政治的秩序が崩壊すると、弁辰地域から鉄素材を入手するための仕組みが大きく変わったことは十分に考えられる。

鉄を入手するということとは

倭人が鉄素材を欲しいと思って朝鮮半島東南部を訪れても自由に求められるものではない。弁辰地域はもともと楽浪・帯方《たいほう》郡の管理下にあったため、鉄素材を入手するためには楽浪・帯方郡の承認が必要であった〔山尾一九八三〕。

前二世紀以降、本格化する勒島・対馬・原の辻を介した倭人の鉄の入手は、こうした権利を認められていたからこそ可能であったわけで、その権利を維持するための朝貢が頻繁に行われていたことは漢書など中国側の文献に記されていることからもわかる。

三世紀になっても朝鮮半島南部（金海・釜山）から対馬・一支・伊都という海上交易路に変化がなかったことは、三韓土器や楽浪土器の分布から見ても明らかである。むしろ対馬で三韓土器が集中して出土するようになることは、対馬が単なる輸送の担い手というよりも、次第に鉄などの稀少物資の流通に主体的に関わり始めたことのあかしに他ならない。倭人伝に記された「南北市糴《してき》」とはまさにこうした動きを指している〔武末二〇〇九〕〔東二〇一二〕。

伊都国の港があった糸島市御床《みとこ》松原遺跡や福岡市元岡遺跡群で、三韓土器や楽浪土器がかなり見つかっていることは、まさに倭国の入り口として活況を呈していたことを彷彿させる。

一大率の役割

これらの遺跡こそ、倭人伝に出てくる一大率が置かれた伊都国の港の候補となる。一大率は、朝鮮半島東南部から到着した稀少物資を間違いなく列島規模の流通機構にのせ、各地の首長たちに鉄素材や威信財を公平に行き渡らせることを目的に置かれたものである。

玄界灘沿岸諸国も再編成された列島規模の流通機構を通して物資の供給を受けるようになり、その恩恵にあずかったからこそ、鉄器生産には変化が見られなかったのだ。これを機に列島内の流通の仕組みも整備され、東日本を含む各地へ運ばれることになる。近畿中央部に三世紀になって現れた鍛冶炉も、こうした動きを反映したものである。

三世紀になったといっても近畿中央部における鉄器の出土量は依然として低いレベルにとどまっている。こうした近畿中央部における鉄のあり方が、古墳時代に政治的な中心を生み出すための生産基盤となったとはとても言えるものではない。生産力発展のあとに政治的な中心が生まれて古墳時代が始まったと考えるのには無理があるのだ。

大きく変わったこととは

弥生後期以降、明らかに分布が変わってくるのは、銅鐸と前漢鏡や後漢《ごかん》鏡である。これら青銅器の動きから近畿中央部に祭祀的な中心が形成されていくことがわかる。

第四章で玄界灘沿岸諸国における階層差の存在を物語るものとして前漢の大型鏡を取り上げた。これらの鏡（漢鏡三期）は前一世紀前葉から中ごろにかけて作られたもので、前一世紀後半の九州北部の王墓に大量に副葬された。伊都、奴、不弥《ふみ》など、当時の玄界灘沿岸諸国でしかみることができない現象である。

ところが前一世紀後葉から後一世紀初めにかけて前漢や新《しん》で作られた鏡（漢鏡四期）から、列島における分布のありようが変わってくる（図37）〔岡村一九八六〕。もっとも多く出土するのは伊都国の王墓である鑓溝《やりみぞ》甕棺墓だが、東方への分布が拡大して、古墳の副葬品として出土するようになる。紀元前後に製作された鏡がどこかで二〇〇年以上伝世されて

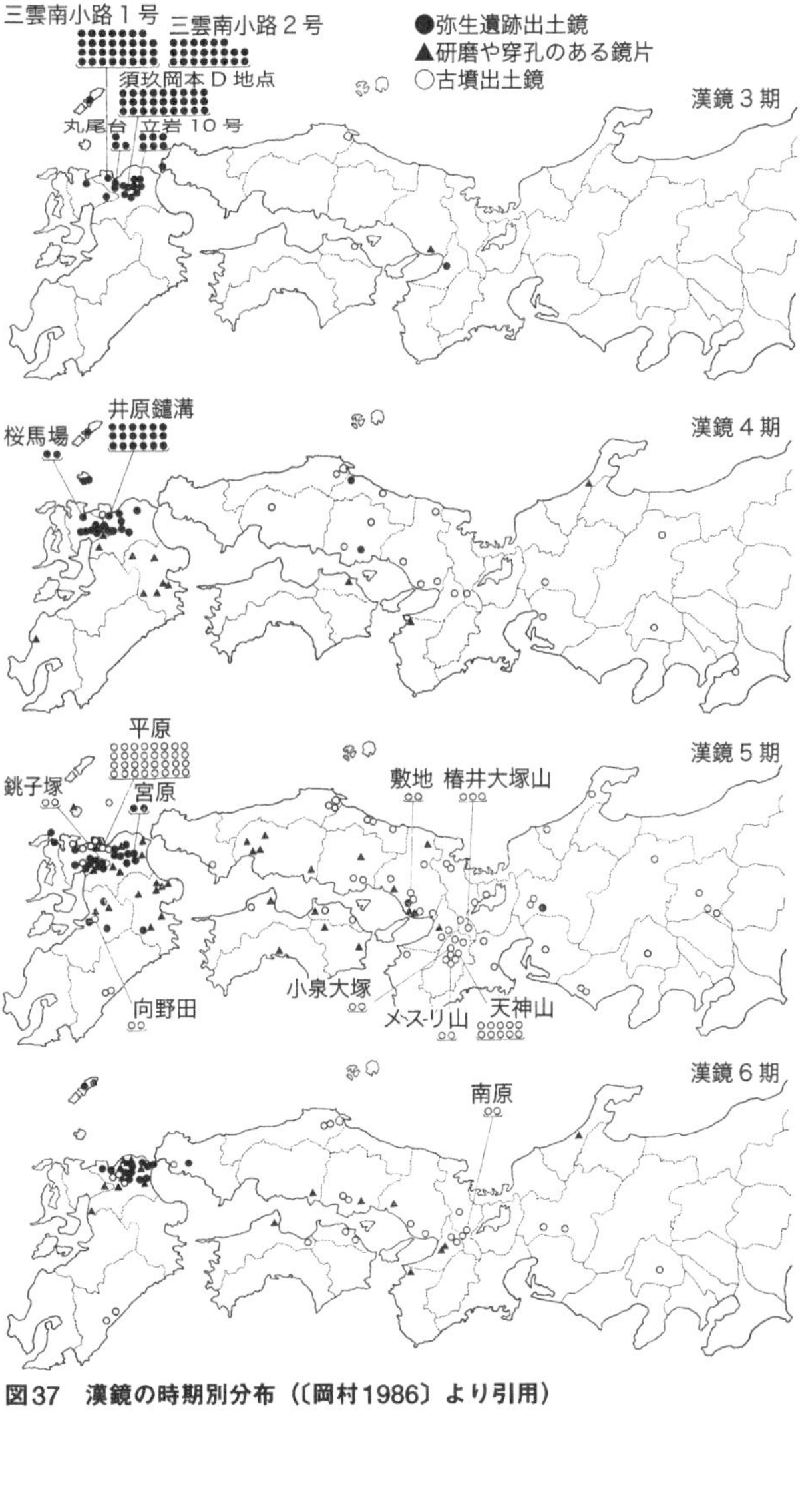

図37　漢鏡の時期別分布（〔岡村1986〕より引用）

から、最終的に近畿の古墳に副葬されたのである。

さらに一世紀中ごろから後葉にかけて作られた後漢の鏡（漢鏡五期）になると、伊都国の王墓である糸島市平原《ひらばる》遺跡を除けば玄界灘沿岸諸国における大量副葬はなくなり、むしろ伝世後に瀬戸内や近畿の古墳に副葬される例が増え、奈良県天神山《てんじんやま》古墳のように大量副葬される古墳も出てくる。この時期になって初めて九州北部とそれ以外の地域がほぼ均衡することになるのだ。中国の鏡の分布は最古の後漢鏡群から舶載後の分布が拡大する、すなわち、倭国乱のはるか以前から変化し始めていることがわかるのだ。

後漢鏡が日本列島にもたらされることになった契機を、一〇七年に倭国王帥升が後漢に朝貢したことに求める研究者は多いが、帥升が玄界灘沿岸諸国（伊都）にいたのか、吉備や近畿などにいたのかによって、後漢鏡の分布を説明する背景が大きく異なってくる。もし後者だとしたら、中国鏡という威信財が、鉄素材のような必需財に先行して東方世界に広がっていたことを意味するからだ。たとえ前者だったとしても、九州北部から近畿にかけて鏡を配布する仕組みが二世紀に出来上がっていたことを示唆するので、やはり鉄器よりも早く東方世界への分布を拡大していたことになる。

二世紀以降、鉄素材や鉄器と中国鏡の分布の中心が大きくズレる原因は、玄界灘沿岸諸国と近畿を中心とする東方世界とでは求めるものが違っていたということにつきる。前一世紀後半の須玖岡本遺跡や三雲南小路遺跡を最後に、中国鏡の大量副葬は伊都国に限られるようになり、分布も有明海沿岸など玄界灘沿岸諸国を取り巻く九州北部の周辺地域の首長たちに及ぶようになっている。

玄界灘沿岸諸国の首長たちにとってむしろ大事だったのは、生産力を保障する鉄素材などの必需財の確保と流通であり、鏡などの威信財を重視して必要とする時代は遠い過去のものとなっていた可能性がある。

一方、近畿を中心とする東方世界はといえば、有明海沿岸諸国と同様、まだまだ中国鏡など遠距離交易でしか確保できない威信財を重要視し必要とする段階にとどまっていた。こうした立ち位置の違いが必需財と威信財の分布がズレることの背景にあったと考える。

弥生青銅器の再編

後漢の鏡が東方世界へ分布を拡大し始めたのと同じ一世紀後半から二世紀初めにかけて、銅矛祭祀や銅鐸祭祀のような地域のシンボルをめぐっても大きな変化が起こる。

まず山陰や吉備が銅鐸祭祀を止め、特殊器台や特殊壺を墳丘上で用いる墳墓祭祀へと独自の対応をみせるようになる。山陰は四隅突出《よすみとっしゅつ》型墳丘墓上での祭祀を特徴とし、内部の結束を固めるようになる〔松木二〇〇七〕。

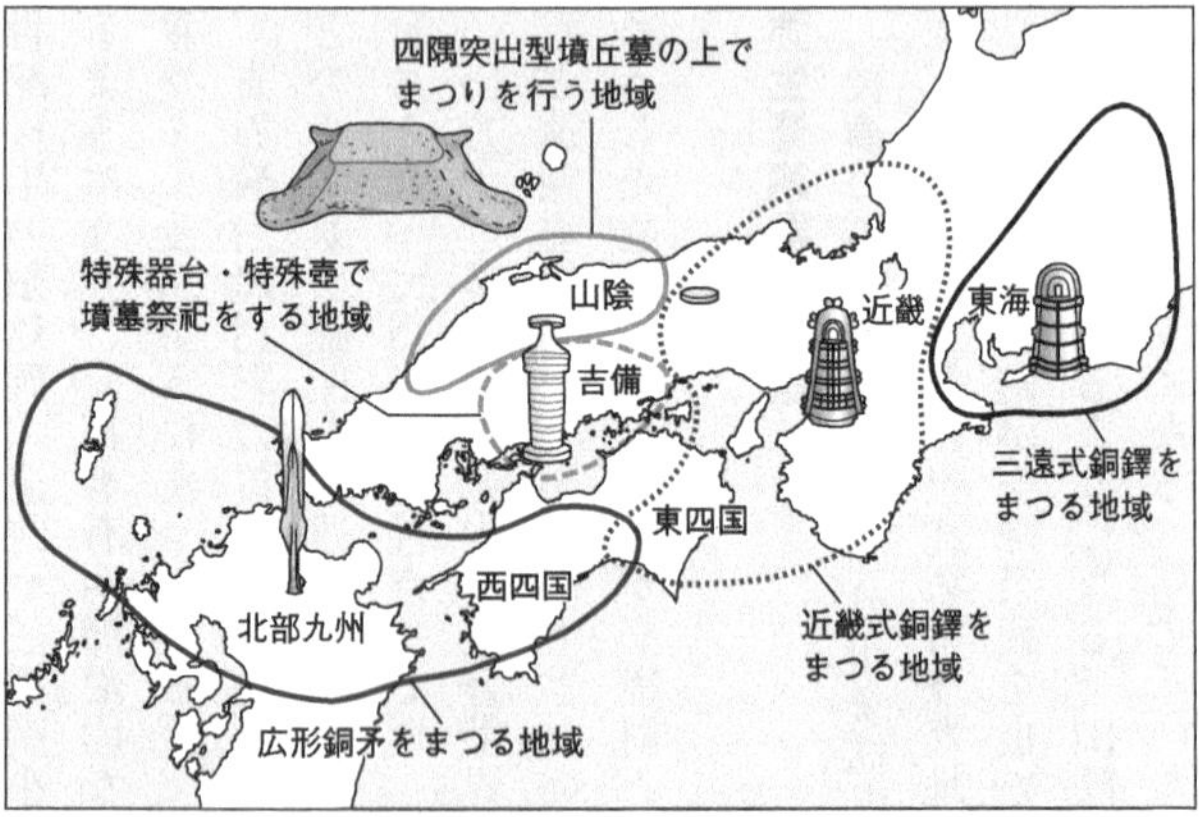

図38　弥生後期の各地域のシンボル

山陰や吉備に見られる現象は墳墓という場で個人の威信や地位を演出することによって内部結束を固めたことを意味するといわれている。これに対して前代から引き続いて銅鐸や銅矛などの青銅器をシンボルとする祭祀を行うことによって、集団の一体性を表現していた地域が九州北部と近畿である（図38）。

墳丘墓上での祭祀や青銅器祭祀など、シンボルを異にする地域同士の緊張状態が倭国乱の実態であった可能性がある。また銅鐸祭祀圏のなかでも再編成が進んで、近畿への収斂《しゅうれん》が進んだことは、東海の銅鐸の動向や、分布圏の西の境界が吉備から播磨まで後退するといった考古学的事実からもわかる〔福永二〇一三〕。

こうしてみると倭国乱の前後で分布にほとんど変化が見られない鉄などの必需財と、倭国乱の前から分布が変わり始めていた中国鏡や地域のシンボルをめぐる青銅器祭祀圏の再編成とは、異なる動きを見せていたことがおわかりになるだろう。近畿中央部に収斂していくのが生産を規定する鉄素材などのハードウェアでなく、墳丘墓上で行われるまつりや威信財などのソフトウェアであることに、古墳成立の鍵が隠されているのではないだろうか。

これぞまさしく農耕社会の成立もなく、鉄器の普及が遅れても古墳を造りえた仙台から茨城までの地域の動向を説明するロジックと同じなのではないだろうか。生産力や武力とは直接結びつきにくい近畿中央部への政治的な中心の形成、祭祀的な中心への収斂こそ、古墳時代の始まりと理解するべきなのではないだろうか。

地域連合をまとめる契機と力

一世紀後半に起きた吉備の銅鐸祭祀圏からの離脱と、近畿を中心とした銅鐸祭祀圏の収斂化に代表される弥生後期社会の再編成が、従来の流通の仕組みに影響を与えなかったとは考えにくい。鉄素材や中国鏡などの列島外の資源の入手法もその一つであり、それらをいかに安定的に確保していくのかが各地の首長たちにとって最大の関心事であったことだろう。そうした調整を列島規模で行う立場の人間が必要とされたことは想像に難くない。

しかし後漢の衰退にともなう東アジア情勢の混乱期に、対外交渉の窓口となり、列島内の人びとに恵みをもたらすことは容易ではない。玄界灘沿岸諸国だけではなく吉備・近畿も含めて列島の人びとの共通の利害を体現した人間、それが倭国王である。年代的には後漢書に出てくる帥升が出現期の倭国王としてふさわしいが、先に述べたようにそれが九州北部なのかそれ以外の地域の王なのかは諸説あり定まっていない。

しかし調整も最終的にはうまくいかずに倭国乱が起きてしまい、卑弥呼が共立されて初めておさまると倭人の条にある。政治・軍事的に超越した人物ではなく、宗教的権威によっておさまったのが二世紀末の倭国の実態である。

こうした宗教的権威をもつ個人の地位や威信を演出した舞台装置こそが定形化された前方後円墳上で執り行われたまつりなのである。その演出の発想には、吉備や山陰にルーツがある。では墳形、内部主体の構造、副葬制はどこにルーツがあるのだろうか。

纒向型前方後円墳の成立

三世紀中頃、奈良盆地の東南部にホケノ山古墳が出現する。長さが一〇〇メートルを超える巨大な前方後円形の墳丘をもつ纒向型前方後円墳である。墳丘上に張り巡らされた積石状の葺石《ふきいし》、墳頂に巡らされた壺型土器、内部主体としての木槨《もっかく》、鏡の大量副葬や各種鉄鏃の副葬は、どれも定型化した前方後円墳のものと一致するとともに、列島内諸地域で見

写真45　奈良県ホケノ山古墳と副葬品
〔提供　奈良県立橿原考古学研究所・阿南辰秀氏〕

られた墳墓の要素を導入したものだった（写真45）。庄内《しょうない》式の最終末には出現していたと考えられているホケノ山古墳だけに、これまで定型化した最古の前方後円墳と考えられてきた箸墓《はしはか》古墳との時間的関係や被葬者同士の関係が気になる。

箸墓古墳築造直後の年代（布留0式）は炭素14年代測定の結果、二四〇〜二六〇年のどこかにくると考えられていることから〔春成ほか二〇一一〕、ホケノ山古墳が築造されていたときには箸墓も築造されていたことになる。

箸墓古墳の被葬者が卑弥呼だとすると、卑弥呼が死亡したのは二四八年なので、三〇〇メートル近い規模から考えて、箸墓の築造は卑弥呼存命中に始まったことは間違いない。少なくとも亡くなる二四八年以前から巨大な前方後円墳の築造が射程に入っていたことになる。

ホケノ山古墳と箸墓古墳の完成した時期がほぼ同じとすれば、規模が三倍近くある箸墓古墳の築造開始がホケノ山古墳に先んじていた可能性も十分に考えられるので、纒向型前方後円形墳丘墓から定型化した前方後円墳へという流れは、段階差としてはあっても完全な時期差かどうかはわからなくなる。弥生前期から個人の表示を強く意識してきた近畿の墳丘墓は、三世紀前半から奈良盆地に長さ八〇〜一〇〇メートルの大型の墳丘墓や入念な埋葬施設をもつ纒向型前方後円墳を造りはじめ、三世紀半ばの箸墓古墳の出現をもって完成するのである〔松木二〇一一〕。

祭祀・政治の中心と生産・経済の中心

三世紀になっても鉄器の出土量は九州北部が他を圧倒しており、列島における鉄器生産の中心であることには変わりなかった。三世紀半ばの布留式段階になると九州北部における鍛冶はさらに技術革新の末、塊錬鉄の精錬を行うまでに発達する。

三世紀半ばと言えば箸墓古墳が築造され、祭祀・政治の中心が奈良盆地東南部に完成している時期なので、列島における祭祀・政治の中心と生産・経済の中心は依然としてズレていたことになる。

かつての「見えざる鉄器説」は、祭祀・政治の中心と生産・経済の中心が一致することによって古墳時代の政治的な中心が完成することを説明しようとしたものであったが、現在の学界は、それらを一致させることなく説明しようとしていることがおわかりになるであろう。

このズレが解消されていくのは古墳時代になってからである。

最後になぜ奈良に前方後円墳が造られるようになったのかという問題にふれて、この章を閉じるとしよう。

現在有力な仮説としては三つある。

まず何もなかった中国中原に、突如最古の古代国家である夏《か》・商《しよう》が出来るように、「無《む》主《しゆ》の地《ち》故《ゆえ》」という考え方。次に祭祀・政治の中心であった邪馬台国の所在地だったから。三つ目は列島の中央という地の利を活かして、外来物資の流通ネットワークを主導できたから、という説である。

ほかに、この三つの説が当てはまる地域はない。九州北部を除いた列島の倭人たちにとっての中心は、まさに近畿だったから、ということにつきる。人口的にも面積的にも九州北部とは比べものにならないほど大きな世界の中心が近畿である。九州北部は中心になれるはずもなく、またその意志もない。大多数の倭人たちが求めるものを供給できた、またその意志があったのが近畿だった。心を同じくする倭人たちの祭祀的・精神的なシンボルこそ、前方後円墳だったのだ。

【参考文献】

東潮『邪馬台国の考古学――魏志東夷伝が語る世界』角川選書五〇三、角川学芸出版、二〇一二
池淵俊一「鉄器生産」(『考古資料大観』第一〇巻―弥生・古墳時代の遺跡・遺構―、二一二～二三六頁、小学館、二〇〇四)

石川日出志「登呂遺跡の再調査がもつ意義」（『特別史跡登呂遺跡再発掘調査報告書（自然化学分析・総括編）』一七七〜一八〇頁、静岡市教育委員会、二〇〇六）
大澤正己「金属組織学からみた日本列島と朝鮮半島の鉄」（『国立歴史民俗博物館研究報告』第一一〇集、八九〜一二二頁、二〇〇四）
大橋まり「コラム　弥生ちゃん（仮）」（『弥生ってなに?!』一一四頁、国立歴史民俗博物館、二〇一四）
岡村秀典「輸入青銅器　B　中国の鏡」（『弥生文化の研究』六―道具と技術Ⅱ―、六九〜七六頁、雄山閣、一九八六）
岡村渉「静清平野における弥生時代遺跡の分布と登呂遺跡」（『特別史跡登呂遺跡再発掘調査報告書（自然化学分析・総括編）』、一七一〜一七六頁、静岡市教育委員会、二〇〇六）
久住猛雄「博多湾貿易の成立と解体」（『考古学研究』第五三巻四号、二〇〜三六頁、二〇〇七）
久住猛雄「福岡平野――比恵・那珂遺跡群――列島における最古の『都市』」（『集落からよむ弥生社会』弥生時代の考古学八、二四〇〜二六三頁、二〇〇八、同成社）
久保田一郎編『上野Ⅱ遺跡』日本道路公団中国支社・島根県教育委員会、二〇〇一
小南一郎「魏志倭人伝　訳文」佐原真『魏志倭人伝の考古学』三九一〜四〇〇頁、岩波現代文庫学術一〇六、岩波書店、二〇〇三（再録）元は小南一郎訳『三国志Ⅱ』筑摩書房、一九八二
静岡市登呂博物館『弥生の戦い―その時登呂ムラは!?』静岡市立登呂博物館、二〇一三
白石太一郎『古墳とヤマト政権――古代国家はいかに形成されたか』文春新書〇三六、一九九九
武末純一「三韓と倭の交流――海村の視点から」（『国立歴史民俗博物館研究報告』第一五一集、二八五〜三〇六頁、二〇〇九）
辻田淳一郎「古墳時代の集落と那津宮家」（『自然と遺跡からみた福岡の歴史』二〇〇〜二一七頁、福岡市、

二〇一三年）
西嶋定生「一～三世紀の東アジア世界」（『ゼミナール日本古代史』上、四六三～四八三頁、光文社、一九七九）
禰冝田佳男「石器から鉄器へ」（『古代国家はこうして生まれた』五一～一〇二頁、角川書店、一九九八）
野島永『初期国家形成過程の鉄器文化』雄山閣、二〇〇九
春成秀爾・小林謙一・坂本稔・今村峯雄・尾嵜大真・藤尾慎一郎・西本豊弘「古墳出現期の炭素一四年代測定」（『国立歴史民俗博物館研究報告』第一六三集、一三三～一七六頁、二〇一一）
福永伸哉「前方後円墳成立期の吉備と畿内――銅鐸と銅鏡にみる地域関係」（『吉備と邪馬台国――霊威の継承』九六～一〇三頁、弥生文化博物館、二〇一三）
松木武彦『列島創世記』日本の歴史一、小学館、二〇〇七
松木武彦『古墳とはなにか――認知考古学からみる古代』角川選書四九三、二〇一一
村上恭通「弥生時代における鍛冶遺構の研究」（『考古学研究』四一―三、六〇～八七頁、一九九四）
村上恭通『倭人と鉄の考古学』青木書店、一九九八
森本幹彦「集落空間の変化、集落フォーメーションの展開」（『古墳時代への胎動』弥生時代の考古学四、二一一～二二六頁、二〇一一、同成社）
山尾幸久『日本古代王権形成史論』岩波書店、一九八三
吉留秀敏「福岡平野の弥生社会」（『論争古代吉備』五七～八〇頁、考古学研究会、一九九九）
吉留秀敏「集落・居館・都市的遺跡と生活用具―九州―」（『考古資料大観』第一〇巻―弥生・古墳時代の遺跡・遺構―、二三八～二五〇頁、小学館、二〇〇四）

エピローグ――弥生ってなに

弥生文化の仮定義

本書は「はじめに」(四頁)で、弥生文化を次のように仮定義して話を進めてきた。

北海道から沖縄までを範囲とする日本列島に人類が出現する、約三万六〇〇〇年前以降の歴史を「日本の歴史」とした場合、本格的な水田稲作が始まった前一〇世紀後半から定型化した前方後円墳が出現する後三世紀中頃までを弥生時代とよぶ。弥生時代に花開いた文化の一つが弥生文化であり、「水田稲作を生活全般の中においた文化」であると。

第四章では、環壕集落が分布する利根川以西の地域においては、生業、社会やまつりの中心に水田稲作をおいた世界が広がっていたことを述べた。しかし、関東北部から東北中部にかけての地域においては、生業の中心に水田稲作がかろうじておかれていた可能性を見てとれたものの、東北北部については、水田稲作の目的が東北中部以南とは異なっていた可能性を指摘した。

したがって仮の定義にしたがえば、弥生文化は新潟から千葉を結ぶ線より西の地域に限られることになる。教科書で習った弥生文化のイメージがあてはまる地域は、意外に狭いと感じられる読者も多いことだろう。

筆者が重視する弥生文化の指標は、大陸出自の要素である。その内訳は、経済的な側面である水田稲作や畑作、社会的な側面である環壕集落、方形周溝墓、戦い、祭祀的な側面である稲作（穀霊）儀礼、青銅器祭祀の三つの側面である。

この三つの要素が基本的にそろうのは、環壕集落が分布する利根川より南西、日本海側では新潟県村上市以南の本州・四国・九州である。しかも完全にそろうのは、前四世紀前葉〜後二世紀までの東海・北陸から九州中部のほぼ五〇〇年に限られている。

こうした筆者の考え方に対しては、弥生文化を構成する要素のうち、大陸出自の要素を重視して、縄文出自の要素を軽視した偏った見方であるという批判のあることも紹介してきた。

つまり大陸出自の要素を重視すると、それらがみられない西日本の前一〇世紀から前五世紀までの約六〇〇年間でさえ縄文文化になってしまうので、弥生文化の指標としてはふさわしくない、という批判である〔石川二〇一〇〕。

確かに三つの指標のうち一二〇〇年間ずっとみられるのは水田稲作という経済的側面だけなので、水田稲作を行う文化という定義でよいと考える読者も多いことだろう。しかしこれでは日本独自の水田稲作文化である、という特徴を示すことがむずかしい。

もちろん「日本の」水田稲作文化という冠をつければ用語としては成り立つが、やはり朝鮮半島南部の水田稲作文化との違いが出てこない。現在の国の違いで区別するのではなく、考古学的に日本独自の水田稲作文化の内容を特徴づける必要があると考える。

縄文文化の上に成り立つ水田稲作文化

朝鮮半島とは異なる水田稲作文化のポイントの一つが、縄文文化の系譜のうえに成り立っているという点である。朝鮮半島南部と日本の水田稲作文化を分けている特徴の一つが縄文文化というDNAをもっているかどうかという点にあることは間違いない。

もう一つのポイントは、中国文明をお手本とする文明化を目指したのかどうかという点にある〔高倉一九九五〕。大陸出自の要素を重視する筆者の立場の真意はここにある。では日本で水田稲作が始まる前一〇世紀後半以降、大陸文化とは具体的にどこを指すのだろうか。時期ごとに見ていくことにしよう。

遼寧式青銅器文化という文明化（第一期）

最初に手本となったのは、弥生水田稲作が始まる契機となった遼寧式青銅器文化である。殷《いん》周の青銅器文化や、北方系シャーマニズムに系譜をもつ、鏡や武器型青銅器をシンボルとしている。

朝鮮半島南部では、前一二世紀ごろからお墓に遼寧式銅剣を副葬する有力者が登場することをプロローグで述べたが、生前は社会関係を維持していく上で必要な威信を高める財である威信財として用いた青銅器を、最後は墓に納めて集団の統合・安定をはかり、自分たちの威信や威厳を高める仕組みである威信財システムがそこでは機能していた〔藤尾二〇〇三〕。

九州北部に水田稲作を伝えた人びととは、こうした威信財システムやその意味を知り、実践していた人びとである。彼らが威信財を手に入れるために余剰生産物の蓄積に余念がなかったことは想像に難くない。それは縄文のまつりとは違って、集団内での特定集団化、個人の位置を保証する有力な手段だったからである。

玄界灘沿岸地域の在来民の心を動かしたのは何だったのだろう。小むずかしい理屈よりも、自分たちが慣れ親しんできたものとはまったく異なる、目の前に差し出された金色に輝く青銅器。日本列島の住人が初めて目にする金属器だったと思えてならない。

私たち現代人が目にしているのは青銹《さび》がふいた青銅器だが、それは二五〇〇年以上の歳月を経て錆《さ》びた結果である。当時の人びとが目にしたのは、わびさびの青銅色の金属ではなく、金色に輝く金属だったのだ。

青銅器の光沢はスズの量で決まる。特に出現期の青銅器に含まれるスズの量は比較的多いので、より金色に近いのである。ちなみにスズの量が低くなる弥生後期以降の青銅器は、新品の十円玉の色、いわゆる赤銅《しゃくどう》色をしている。

こういうキラキラと輝く物を初めて目にした在来民の衝撃はいかばかりだっただろう。あれが欲しい、手に入れるためには稲作というものを行わなければならない。そしてそのためには自分たちが信じてきた考え方や価値観を、コペルニクス的転回しなければならなかった。筆者はこのように想像している。

つまり水田稲作を始めるということは、拡大再生産を指向し、威信財獲得レースに参加することを意味していたのだ。そして一度レースに参加したが最後、もうレースから外れることはできない。水田稲作にしがみついて生きることになる。一度はいったスイッチを切ることは出来ないのだ。

初期鉄器時代という文明化（第二期）

弥生人が中国戦国時代の文化の影響を受けた朝鮮半島の初期鉄器文化と一体化をはじめるのが前四世紀前葉（前期末〜中期初頭）である。九州北部では地域社会が形成され有力者が出現している。燕で製作された鋳造鉄斧や、朝鮮半島で製作された武器型青銅器が入りはじめる。

このとき、弥生人の目にとまったのは、光り輝く青銅製武器のほかに、銀色に輝く万能の道具だった。これまで弥生人が知っていた石の斧の何十倍も速く木を切り倒し、加工できる鉄の道具の威力に、弥生人は魅了されたに違いない。これまでよりも短い時間で大量の伐採・加工をこなすことが出来る文明の利器を是非とも手に入れたいと思ったに違いない。人は一度味わった、便利で快適な生活を捨てることはできないのである。

鉄や青銅器などの文物を手に入れるためには交換財としてのコメをさらに増産する必要があるため、拡大再生産に拍車がかかる。また青銅器は海の向こうから手に入れるだけではなく、自分たちでも作り始める。国産化の開始である。

中国化を目指した有力者たちは、文明化・国際化した証として武装・装身・職掌を示すとされる、青銅製武器・ヒスイ製装身具、南海産巻貝製腕輪を身につける段階にはいる〔高倉一九九五：八四頁〕。

秦漢世界という文明化（第三期）

前一世紀以降は、漢系文物の比重が高まることから、中国中原世界との交流が楽浪郡の設置以前から始まり、設置以降は政治的関係の樹立に不可欠な文字（漢字）を通じた交渉・交流が本格化。倭は、名実ともに、漢語を共通とする東アジア世界と一体化する。

一体化する倭の範囲

こうした中国化という文明化を目指した人びとは列島のどのあたりまで広がっていたのであろうか。中国の文書にはじめて倭の記載が登場する『漢書』地理志には、楽浪郡を介して漢と直接交流する倭人は、百余国に分かれていると書かれている。この文書は、鉄製武器の輸出が解禁される前八二年から前漢が滅亡する後七年までの倭の状況を記したと考えられている〔高倉一九九五〕。

少なくとも前一世紀以降は、環壕集落の分布する範囲が百余国に分かれていたと考えたい。

利根川以北の水田稲作文化

楽浪郡を介した漢との交流が薄い地域に広がっていた水田稲作文化である。仙台以南の地域は経済的側面こそ弥生文化と共通する部分が多いものの、社会的・祭祀的な部分は、縄文文化と弥生文化の両方の要素を持っている。拡大再生産のスイッチを入れたけれどもうまく機能しなかったのか、そもそもスイッチを入れる意味を知らなかったのか、どちらかの可能性がある。

それに対して東北北部の水田稲作文化は、網羅分散型の生業体系の一つに水田稲作が位置づけられていたことが、土偶のまつりとの共存を可能にしたと考えられるため、経済的側面でさえ弥生文化とは異なっていた可能性がある。その意味では縄文文化の水田稲作と考えることもできるのではないだろうか。水田稲作の目的が異なっていたのだ。

古代化に踏み出した「中の文化」

三世紀中頃、奈良盆地に突如現れた巨大な前方後円墳によって、日本列島は古墳時代という新しい時代に入る。

古墳を造ったのは、弥生人と東北中部から関東北部にかけての水田稲作民であった。それ以北の東北北部から北海道にかけての地域には続縄文文化が、種子島・屋久島から沖縄諸島にかけての地域には貝塚後期文化が継続する。したがって古墳時代とは、三つの文化が併存した時代として日本の歴史上に位置づけられる。

古墳を造ったのは水田稲作を一度始めたら止めることなく継続してきた人びとであった。水田稲作を生産基盤とする社会やまつりにみられる弥生化の深化の程度とは関係なく、古墳を造ることが出来た。東北北部を除く本州・四国・九州の人びと、すなわち藤本強のいう「中の文化」である〔藤本二〇〇九〕。

古墳時代とは、農業生産や鉄器化などといったハードウェア上の発展の結果始まったものではなく、鏡や青銅器のまつりと、墳丘上で行われてきたまつりが統合されて新しく創造された祭祀を行うことがトレンドとされた時代であった。古墳の成立とはきわめて政治的、祭祀的な日本の歴史上の到達点だったのである。

【参考文献】

石川日出志『農耕社会の成立』岩波新書、二〇一〇
高倉洋彰『金印国家群の時代』山川出版社、一九九五
藤尾慎一郎『弥生変革期の考古学』同成社、二〇〇三
藤本強『日本列島の三つの文化』同成社、二〇〇九

出典一覧

写真1　慶南平居洞遺跡で見つかった畑の址（前13世紀）　引用：『晋州平居洞遺蹟』慶南発展研究院歴史文化センター、２００６、写真10
写真2　蔚山市玉峴遺跡で見つかった水田の址（前11世紀）　提供：慶南大学校博物館
写真3　蔚山市検丹里環壕集落（前10世紀）　提供：釜山大学校博物館
写真4　最古のコメのスタンプ痕の電子顕微鏡写真　提供：丑野毅氏
写真5　最古の弥生土器（福岡市橋本一丁田遺跡）　原品：福岡市埋蔵文化財センター蔵
写真6　弥生土器1号（文京区向ヶ音塚出土）　原品：東京大学総合研究博物館蔵（重文）
写真7　最古の木製農具と石庖丁（福岡市橋本一丁田遺跡）　原品：福岡市埋蔵文化財センター蔵
写真8　縦斧として使った柱状片刃石斧（長崎県里田原遺跡）　原品：平戸市教育委員会蔵
写真9　最古の環壕集落（福岡市那珂遺跡　前9世紀）　提供：福岡市埋蔵文化財センター
写真10　最古の有力者の副葬品（福岡市雑餉隈遺跡　前9世紀）　原品：福岡市埋蔵文化財センター蔵
写真11　最古の戦死者（糸島市新町遺跡　前9世紀）　提供：伊都国歴史博物館
写真12　底部に焦げて残ったキビ粒（滋賀県竜ヶ崎A遺跡　前6世紀）　提供：松谷暁子氏
写真13　前7世紀のコクゾウムシのスタンプ痕の電子顕微鏡写真（本高弓ノ木遺跡）　提供、濵田竜彦氏
写真14　庄・蔵本遺跡で見つかった穀物の炭化物（前6世紀）　提供：住田雅和氏
写真15　前8世紀のキビのスタンプ痕が付いた土器（長野県飯田市矢崎遺跡）　藤尾撮影、上郷考古博物館蔵
写真16　前9世紀のコメのスタンプ痕が付いた土器（長野県飯田市石行遺跡）　藤尾撮影、飯田市教育委員会蔵
写真17　前6世紀のキビ痕が付いた土器（長野県松本市石行遺跡）　藤尾撮影、松本市教育委員会蔵
写真18　前6世紀の畑作農耕にともなうまつりの道具（長野県松本市石行遺跡）　藤尾撮影、松本市教育委員会蔵
写真19　砂沢遺跡で見つかった水田の址（前4世紀）　提供：弘前市教育委員会
写真20　砂沢遺跡で見つかった縄文系のまつりの道具（前4世紀）　歴博撮影、弘前市教育委員会蔵

写真21　続縄文文化前期の骨・貝製品（北海道有珠モシリ遺跡　前4世紀）原品：伊達市教育委員会蔵

写真22　サケの加工場（復原）（北海道K135遺跡　3～4世紀）歴博蔵

写真23　サケの捕獲や加工に使った道具（北海道江別太遺跡　前4～後1世紀）提供：江別市郷土資料館

写真24　シャコ貝に孔を開けて網のおもりとしたもの（沖縄県安座間原遺跡　弥生時代併行）引用：『新　弥生紀行』1999、58頁　宜野湾市教育委員会蔵

写真25　鏡・剣・玉のセット（福岡市吉武高木遺跡3号木棺墓　前4世紀）原品：福岡市埋蔵文化財センター

写真26　青銅器鋳造に伴う鋳型や銅滓（熊本市八ノ坪遺跡　前3世紀）提供：熊本市教育委員会

写真27　鋳造鉄斧の破片を再利用した最古の鉄器（愛媛県大久保遺跡　前4世紀）原品：愛媛県教育委員会

写真28　蔚山市達川遺跡で見つかった鉄鉱石採掘場（前2世紀）引用：『蔚山達川遺蹟第3次調査』（財）蔚山文化財研究院、2010

写真29　慶南勒島遺跡（前3～後1世紀）引用：釜山大学校博物館編『勒島貝塚と墳墓群』、254頁図版4下、釜山大学校博物館、2004

写真30　朝日遺跡で見つかった寄生虫卵（弥生中期）提供：愛知県埋蔵文化財センター

写真31　青谷上寺地遺跡で見つかった脊椎カリエスの症例　提供：鳥取県埋蔵文化財センター

写真32　日本最古のイエネコの骨？（前3世紀）提供：壱岐市教育委員会

写真33　中里環壕集落の遠景写真　提供：（株）玉川文化財研究所

写真34　分銅の出土状況と分銅・石杵・砥石　提供：（財）大阪府文化財センター

写真35　大塚遺跡復原模型（改修後）歴博蔵

写真36　歳勝土遺跡で見つかった方形周溝墓群　提供：横浜市ふるさと歴史財団

写真37　仙台市高田B遺跡で見つかった前3世紀の木製農具　提供：仙台市教育委員会

写真38　垂柳遺跡で見つかった水田の址（前1世紀）提供：田舎館村教育委員会

写真39　会津系の壺　原品：田舎館村教育委員会蔵

写真40　周堤をもつ住居址（1949年調査時）提供：静岡市立登呂博物館

写真41　大人層の服飾（布目案）提供：佐賀県教育庁

写真42　大人層の服飾（大橋案）　歴博蔵
写真43　日本茜で染めた上着　藤尾撮影
写真44　茜の根で染めているところ　提供：大橋まり氏
写真45　奈良県ホケノ山古墳と副葬品　提供：奈良県立橿原考古学研究所・阿南辰秀氏

図1　炭素14濃度が約5700年ごとに半減していく様子　坂本稔氏原図
図2Ａ　較正曲線の急傾斜の部分に中心値がきた場合の較正年代
図2Ｂ　較正曲線の水平に近い部分に中心値がきた場合の較正年代
図3　水田稲作の拡散ルート　藤尾原図
図4　福岡・早良平野の縄文後・晩期における遺跡分布図　藤尾原図
図5　福岡平野における初期水田　田崎博之「福岡地方における弥生時代の土地環境の利用と開発」（『福岡平野の古環境と遺跡立地』九州大学出版会、1998）より作成
図6　福岡市板付環壕集落（前8世紀）　山崎純男「環濠集落の地域性―九州地方―」（『季刊考古学』31、1990）と「北部九州における初期水田」（『日本における初期弥生文化の成立』文献出版、1991）より作成
図7　東アジアにおける水田稲作の拡散　藤尾原図
図8　前7〜前4世紀の大阪平野の遺跡分布〔井上2007より転載〕　引用：井上智博「水田稲作受容期の河内平野」（『月刊文化財』527、2007）
図9　前7〜前4世紀の大阪平野の土器〔小林ほか2008より転載〕　引用：小林謙一・春成秀爾・坂本稔・秋山浩三「河内地域における弥生前期の炭素14年代測定研究」（『国立歴史民俗博物館研究報告』第139集、2008）
図10　前6世紀の畑の址（徳島市庄・蔵本遺跡）〔徳島大学2007より転載〕　引用：『国立大学法人徳島大学埋蔵文化財調査室年報2』、2010
図11　砂沢遺跡で見つかった水田の址　提供：弘前市教育委員会
図12　最古の青銅器（福岡県今川遺跡　前8世紀）　引用：酒井仁夫編『今川遺跡』津屋崎町教育委員会、1980

図13　銅剣を模した木剣（福岡市比恵遺跡　前6世紀）引用：吉留秀敏編『比恵遺跡群10』福岡市埋蔵文化財調査報告書２５５、１９９１

図14　鋳造鉄斧と再利用した破片加工品の分布〔野島２００９より転載〕引用：野島永『初期国家形成過程の鉄器文化』雄山閣、土井ヶ浜遺跡・人類学ミュージアム２００９、第12図

図15　朝鮮半島で見つかった弥生土器の分布〔片岡２０１１より転載〕引用：片岡宏二「海を越えた韓人・倭人」（『響灘の考古学』Ⅴ、２０１１）

図16　弥生後期の鍛冶遺構から出土した道具類〔村上１９９８より転載〕引用：村上恭通『倭人と鉄の考古学』青木書店、１９９８

図17　鍛冶炉と鍛冶工程との関係〔村上１９９８より作成〕引用：村上恭通『倭人と鉄の考古学』青木書店、１９９８

図18　前近代における製鉄工程模式図

図19　達川遺跡38号竪穴から出土した弥生土器（前2世紀）引用：『蔚山達川遺蹟第3次調査』（財）蔚山文化財研究院、２０１０、図63）

図20　原の辻遺跡の概要〔宮﨑２００８より転載〕引用：宮﨑貴夫『原の辻遺跡』日本の遺跡32、同成社、２００８、30頁図12

図21　祭儀場の址〔宮﨑２００８より転載〕引用：宮﨑貴夫『原の辻遺跡』日本の遺跡32、同成社、２００８、94頁図37

図22　愛知県朝日遺跡の構造（前4～前3世紀）〔愛知県埋文１９９４より転載〕引用：『朝日遺跡Ⅴ』愛知県埋蔵文化財調査センター、１９９４、４０１頁図2

図23　三雲・井原遺跡群の概況図〔伊都国歴博編２００４より作成〕『伊都国歴史博物館常設展示図録』２００４、15頁

図24　三雲南小路遺跡の遺構配置図と断面概略図〔前原市教委２００２より転載〕引用：『三雲・井原遺跡Ⅱ』前原市文化財調査報告書78、２００２、第47図

図25　ガラス製璧（左）と金銅製四葉座飾金具（右）

図26　前1世紀の副葬品組成図〔常松２０１３より転載〕引用：『自然と遺跡からみた福岡の歴史』２０１３、１９５頁図１６７

図27　竿秤の重りとして使われた権　引用：〔宮﨑２００８〕より転載　引用：宮﨑貴夫『原の辻遺跡』日本の遺跡32、２００８、一三四頁図54

図28　ガードレール方式の柵の復原想像図引用：『倭国乱る』国立歴史民俗博物館、１９９６

図29　日本列島と朝鮮半島の環壕集落分布（前10～後3世紀）（〔藤尾編二〇一四〕より転載）
図30　富沢遺跡第15次調査で見つかった水田址の平面図　（前3世紀）　引用：斎野裕彦「仙台平野の弥生水田」（『仙台市博物館特別展図録』93頁図2）
図31　前9～前5世紀の比恵・那珂遺跡群
図32　前2～後1世紀の比恵・那珂遺跡群　久住猛雄「福岡平野　比恵・那珂遺跡群」『弥生時代の考古学』8、同成社、2008、242頁図2）より作成
図33　2～3世紀の比恵・那珂遺跡群　久住猛雄「福岡平野　比恵・那珂遺跡群」（『弥生時代の考古学』8、同成社、2008、256頁図13）より作成
図34　登呂遺跡の位置　引用：静岡市立登呂博物館『特別史跡登呂遺跡』2010、1頁
図35　登呂遺跡の全体図　引用：静岡市立登呂博物館『特別史跡登呂遺跡』2010、2頁
図36　島根県上野Ⅱ遺跡で見つかった板状鉄製品　引用：久保田一郎編『上野遺跡Ⅱ』日本道路公団中国支社・島根県教育委員会、2001
図37　漢鏡の時期別分布　引用：岡村秀典「鏡」（『弥生文化の研究』6、雄山閣、1986、71頁図10）
図38　弥生後期の各地域のシンボル　引用：『古代出雲文化展』図録、島根県教育委員会・朝日新聞社、1997、挿図48

あとがき

編集者から弥生時代の通史を書いてみませんか、と誘われたのは二〇一三年の夏ごろだった。ちょうど一年後に控えた国立歴史民俗博物館の企画展示図録『弥生ってなに?!』の執筆に追われていたころである。

執筆を勧める編集者はわたしにこう言ったのだ。「二〇〇三年の歴博の弥生開始年代前一〇世紀説の発表以来、弥生時代の開始年代が五〇〇年さかのぼったら何が変わるのか、という点については、これまで数冊の本を出されて、だいぶわかってきましたが、新しい年代観で執筆された弥生時代の通史はないですよね」と。

発表以降にもいくつか通史が出されているが、水田稲作を生産基盤とする弥生文化を中心に、北海道と奄美・沖縄に広がっていた文化を加えた構成をとるのが普通であった。これは弥生時代の文化が弥生文化と規定されていたからである。

そこで本書は、「はじめに」で書いたように、九州北部で水田稲作が始まり、奈良で定型化した前方後円墳が成立するまでの一二〇〇年間を弥生時代と定義し、その間、列島の各地に花開いた四つの文化を弥生時代の歴史として執筆した。

一二〇〇年間を五つの段階に分け、第一章と第五章こそ弥生文化中心の記述にとどまったものの、その他の章は弥生文化とその他の文化を記述することに努めた。

弥生時代は日本列島の住人たちが別々の道を歩み始めた記念すべき時代である。水田稲作を生産基盤とする社会の構築を目指した者、コメ作りを止めて元の採集狩猟生活に戻った者。また北の海の幸を獲ることに特化した者や、南の海の幸を元手に大陸や九州と交流する者もいた。皆、自らの意思で選択したのである。やがてこの時の選択が、その後の歴史の展開を規定することになる。そんな歴史の転換点となった弥生時代の歴史を垣間見ていただければ幸いである。

最後に、本書を著すにあたっては、歴博の年代研究に携わった多くの仲間たちに感謝の意を表したい。

平成二七年六月一〇日

国立歴史民俗博物館　藤尾　慎一郎

講談社現代新書　2330

弥生時代《やよいじだい》の歴史《れきし》

二〇一五年八月二〇日第一刷発行　二〇二四年一一月五日第五刷発行

著　者　藤尾慎一郎《ふじおしんいちろう》　

発行者　篠木和久

発行所　株式会社講談社
東京都文京区音羽二丁目一二—二一　郵便番号一一二—八〇〇一

電　話　〇三—五三九五—三五二一　編集（現代新書）
〇三—五三九五—四四一五　販売
〇三—五三九五—三六一五　業務

装幀者　中島英樹

印刷所　株式会社ＫＰＳプロダクツ

製本所　株式会社ＫＰＳプロダクツ

定価はカバーに表示してあります　Printed in Japan

N.D.C.210.27　248p　18cm
ISBN978-4-06-288330-6

「講談社現代新書」の刊行にあたって

教養は万人が身をもって養い創造すべきものであって、一部の専門家の占有物として、ただ一方的に人々の手もとに配布され伝達されうるものではありません。

しかし、不幸にしてわが国の現状では、教養の重要な養いとなるべき書物は、ほとんど講壇からの天下りや単なる解説に終始し、知識技術を真剣に希求する青少年・学生・一般民衆の根本的な疑問や興味は、けっして十分に答えられ、解きほぐされ、手引きされることがありません。万人の内奥から発した真正の教養への芽ばえが、こうして放置され、むなしく滅びさる運命にゆだねられているのです。

このことは、中・高校だけで教育をおわる人々の成長をはばんでいるだけでなく、大学に進んだり、インテリと目されたりする人々の精神力の健康さえもむしばみ、わが国の文化の実質をまことに脆弱なものにしています。単なる博識以上の根強い思索力・判断力、および確かな技術にささえられた教養を必要とする日本の将来にとって、これは真剣に憂慮されなければならない事態であるといわなければなりません。

わたしたちの「講談社現代新書」は、この事態の克服を意図して計画されたものです。これによってわたしたちは、講壇からの天下りでもなく、単なる解説書でもない、もっぱら万人の魂に生ずる初発的かつ根本的な問題をとらえ、掘り起こし、手引きし、しかも最新の知識への展望を万人に確立させる書物を、新しく世の中に送り出したいと念願しています。

わたしたちは、創業以来民衆を対象とする啓蒙の仕事に専心してきた講談社にとって、これこそもっともふさわしい課題であり、伝統ある出版社としての義務でもあると考えているのです。

一九六四年四月　野間省一

日本史Ⅰ

Ⓖ

日本史Ⅱ

2319 昭和陸軍全史3 —— 川田稔
2328 タモリと戦後ニッポン　近藤正高
2330 弥生時代の歴史 —— 藤尾慎一郎
2343 天下統一 —— 黒嶋敏
2351 戦国の陣形 —— 乃至政彦
2376 昭和の戦争 —— 井上寿一
2380 刀の日本史 —— 加来耕三
2382 田中角栄 —— 服部龍二
2394 井伊直虎 —— 夏目琢史
2398 日米開戦と情報戦 —— 森山優
2401 愛と狂瀾のメリークリスマス　堀井憲一郎
2402 ジャニーズと日本 —— 矢野利裕
2405 織田信長の城 —— 加藤理文
2414 海の向こうから見た倭国　高田貫太
2417 ビートたけしと北野武　近藤正高
2428 戦争の日本古代史 —— 倉本一宏
2438 飛行機の戦争 1914-1945 —— 一ノ瀬俊也
2449 天皇家のお葬式 —— 大角修
2451 不死身の特攻兵 —— 鴻上尚史
2453 戦争調査会 —— 井上寿一
2454 縄文の思想 —— 瀬川拓郎
2460 自民党秘史 —— 岡崎守恭
2462 王政復古 —— 久住真也

H

世界史Ⅰ

834 ユダヤ人——上田和夫
930 フリーメイソン——吉村正和
934 大英帝国——長島伸一
968 ローマはなぜ滅んだか 弓削達
1017 ハプスブルク家——江村洋
1019 動物裁判——池上俊一
1076 デパートを発明した夫婦 鹿島茂
1080 ユダヤ人とドイツ——大澤武男
1088 ヨーロッパ「近代」の終焉——山本雅男
1097 オスマン帝国——鈴木董
1151 ハプスブルク家の女たち 江村洋
1249 ヒトラーとユダヤ人 大澤武男
1252 ロスチャイルド家 横山三四郎
1282 戦うハプスブルク家 菊池良生
1283 イギリス王室物語——小林章夫
1321 聖書vs.世界史——岡崎勝世
1442 メディチ家——森田義之
1470 中世シチリア王国——高山博
1486 エリザベスI世——青木道彦
1572 ユダヤ人とローマ帝国 大澤武男
1587 傭兵の二千年史——菊池良生
1664 新書ヨーロッパ史 中世篇 堀越孝一 編
1673 神聖ローマ帝国——菊池良生
1687 世界史とヨーロッパ 岡崎勝世
1705 魔女とカルトのドイツ史——浜本隆志
1712 宗教改革の真実——永田諒一
2005 カペー朝——佐藤賢一
2070 イギリス近代史講義——川北稔
2096 モーツァルトを「造った」男——小宮正安
2281 ヴァロワ朝——佐藤賢一
2316 ナチスの財宝——篠田航一
2318 ヒトラーとナチ・ドイツ 石田勇治
2442 ハプスブルク帝国——岩崎周一

哲学・思想Ⅰ

66 哲学のすすめ——岩崎武雄
159 弁証法はどういう科学か 三浦つとむ
501 ニーチェとの対話——西尾幹二
871 言葉と無意識——丸山圭三郎
898 はじめての構造主義 橋爪大三郎
916 哲学入門一歩前——廣松渉
921 現代思想を読む事典 今村仁司 編
977 哲学の歴史——新田義弘
989 ミシェル・フーコー 内田隆三
1001 今こそマルクスを読み返す 廣松渉
1286 哲学の謎——野矢茂樹
1293 「時間」を哲学する——中島義道
1315 じぶん・この不思議な存在——鷲田清一
1357 新しいヘーゲル——長谷川宏
1383 カントの人間学——中島義道
1401 これがニーチェだ——永井均
1420 無限論の教室——野矢茂樹
1466 ゲーデルの哲学——高橋昌一郎
1575 動物化するポストモダン 東浩紀
1582 ロボットの心——柴田正良
1600 ハイデガー=存在神秘の哲学——古東哲明
1635 これが現象学だ——谷徹
1638 時間は実在するか 入不二基義
1675 ウィトゲンシュタインはこう考えた 鬼界彰夫
1783 スピノザの世界——上野修
1839 読む哲学事典——田島正樹
1948 理性の限界——高橋昌一郎
1957 リアルのゆくえ——大塚英志 東浩紀
1996 今こそアーレントを読み直す——仲正昌樹
2004 はじめての言語ゲーム——橋爪大三郎
2048 知性の限界——高橋昌一郎
2050 超解読! はじめてのヘーゲル『精神現象学』 竹田青嗣 西研
2084 はじめての政治哲学 小川仁志
2099 超解読! はじめてのカント『純粋理性批判』 竹田青嗣
2153 感性の限界——高橋昌一郎
2169 超解読! はじめてのフッサール『現象学の理念』——竹田青嗣
2185 死別の悲しみに向き合う——坂口幸弘
2279 マックス・ウェーバーを読む——仲正昌樹

Ⓐ

宗教

27 禅のすすめ——佐藤幸治
135 日蓮——久保田正文
217 道元入門——秋月龍珉
606 「般若心経」を読む——紀野一義
667 生命《いのち》あるすべてのものに マザー・テレサ
698 神と仏——山折哲雄
997 空と無我——定方晟
1210 イスラームとは何か——小杉泰
1469 ヒンドゥー教 クシティ・モーハン・セーン 中川正生 訳
1609 一神教の誕生——加藤隆
1755 仏教発見！——西山厚
1988 入門 哲学としての仏教 竹村牧男

2100 ふしぎなキリスト教——橋爪大三郎 大澤真幸
2146 世界の陰謀論を読み解く——辻隆太朗
2159 古代オリエントの宗教 青木健
2220 仏教の真実——田上太秀
2241 科学vs.キリスト教——岡崎勝世
2293 善の根拠——南直哉
2333 輪廻転生——竹倉史人
2337 『臨済録』を読む——有馬頼底
2368 「日本人の神」入門——島田裕巳

自然科学・医学

1141 安楽死と尊厳死――保阪正康
1328 「複雑系」とは何か――吉永良正
1343 カンブリア紀の怪物たち サイモン・コンウェイ・モリス 松井孝典 監訳
1500 科学の現在を問う 村上陽一郎
1511 優生学と人間社会――米本昌平 松原洋子 橳島次郎 市野川容孝
1689 時間の分子生物学――粂和彦
1700 核兵器のしくみ――山田克哉
1706 新しいリハビリテーション 大川弥生
1786 数学的思考法――芳沢光雄
1805 人類進化の700万年 三井誠
1813 はじめての〈超ひも理論〉 川合光
1840 算数・数学が得意になる本 芳沢光雄

1861 〈勝負脳〉の鍛え方――林成之
1881 「生きている」を見つめる医療――中村桂子 山岸敦
1891 生物と無生物のあいだ 福岡伸一
1925 数学でつまずくのはなぜか 小島寛之
1929 脳のなかの身体――宮本省三
2000 世界は分けてもわからない 福岡伸一
2023 ロボットとは何か――石黒浩
2039 ソーシャルブレインズ入門 藤井直敬
2097 〈麻薬〉のすべて――船山信次
2122 量子力学の哲学――森田邦久
2166 化石の分子生物学――更科功
2191 DNA医学の最先端 大野典也
2204 森の力――宮脇昭

2219 宇宙はなぜこのような宇宙なのか――青木薫
2226 宇宙生物学で読み解く「人体」の不思議――吉田たかよし
2244 呼鈴の科学――吉田武
2262 生命誕生――中沢弘基
2265 SFを実現する――田中浩也
2268 生命のからくり――中屋敷均
2269 認知症を知る――飯島裕一
2292 認知症の「真実」――東田勉
2359 ウイルスは生きている 中屋敷均
2370 明日、機械がヒトになる 海猫沢めろん
2384 ゲノム編集とは何か 小林雅一
2395 不要なクスリ 無用な手術 富家孝
2434 生命に部分はない――A・キンブレル 福岡伸一 訳

K